# 大学生のADHD特性と進路決定に関する実証的研究

篠 田 直 子 著

風 間 書 房

## まえがき

　2016年4月に施行となった「障害を理由とする差別の解消の推進に関する法律：障害者差別解消法」を背景に，大学における障害学生の数は増加の一途を辿っている。本研究に取りかかった2000年頃は，海外の大学では発達障害学生への対応が注目されていたが，日本ではまだ，大学に在籍するはずがないといった風潮で，ADHD特性という概念もその特性のある大学生がいることを主張してもなかなか受け入れられなかった。現在，大学に障害学生が在籍しその中心は精神障害と発達障害であることは誰も疑わない。障害を抱えて苦労して大学生活を送ってきた発達障害学生もようやく正統な配慮が受けられるようになったことは嬉しい限りである。

　本研究は，日本の一般大学生のADHD特性の程度と，大学生活への適応状態，特に，進路決定という大学生活のなかで最も大きな意思決定につながるメカニズムを中心に検討した。第Ⅰ部では，国内外の文献的検討を行い本研究の背景，ADHD基本概念と青年期・成人期の特徴，およびADHDのある学生の研究をまとめた。第Ⅱ部では，本研究の目的を明確にし，基本概念の定義を行った上で仮説モデルを作成した。第Ⅲ部では，調査研究としてセルフレポートによってとらえられる大学生のADHD特性の特徴を明らかにした後，第Ⅱ部で提案した仮説モデルの検証を行った。第Ⅳ部では，第Ⅲ部の知見をもとに，実践研究として進路決定を促す具体的支援を試みた。既存の支援プログラムをADHDのある学生用に改訂して，ワークショップを実施し，効果を検討した。第Ⅴ部では，本研究全体を通して得られた結果をまとめ，今後の課題について述べた。

　ADHD特性の分布に関しては，2001年から2015年の期間を通してほぼ同様な特徴が確認できたことは，まさに大学生の中にADHD特性によって苦

労している学生がいることを証明するものとなっている。また，具体的困難さの内容，特性の種類や過去の経験が大学時代にどのような影響を及ぼしているのかについて，自己評定に基づく調査を通して仮設モデルを実証できたことは，次の支援につながる一助になると考える。さらに，実践研究では，スキルだけの提供では必ずしも状況は好転せず，肯定的な対人関係の下で複数の参加者と意見を交わしあうことにより，自分の障害特性を受け入れつつ対応していく力を持てることが示唆された。障害学生の中でも，みえにくいとされる発達障害への対応は，最も支援ニーズの高い領域であることは現在の信州大学学生相談センター障害学生支援室の業務でも実感するところである。大学生活を送るにあたって発達特性が本人の実力発揮の妨げにならないように，また，周囲の理解を得るための根拠資料を提供するためにも，本研究がADHD特性のある大学生の理解と支援の一助になることを望むものである。

# 目　　次

まえがき

## 第Ⅰ部　大学生の ADHD に関する研究動向（研究1） …………1

### 第1章　日本の大学における発達障害学生の現状 ………………2

### 第2章　ADHD の概念 …………………………………………5
- 第1節　ADHD の定義 …………………………………………5
- 第2節　行動特性としての ADHD 特性 ………………………7

### 第3章　青年期および成人期の ADHD の特徴 …………………8
- 第1節　ADHD の診断と有病率（疫学）………………………8
- 第2節　青年期・成人期の ADHD の臨床像 …………………10
- 第3節　青年期・成人期の ADHD の治療 ……………………12
- 第4節　青年期・成人期の ADHD の評価 ……………………15

### 第4章　大学生の ADHD ………………………………………19
- 第1節　大学生の ADHD に関する海外の研究動向 …………19
  - 第1項　ADHD 学生の特性とアセスメントに関する領域 …19
  - 第2項　大学生活への適応に関する領域 ……………………21
  - 第3項　支援・治療に関する領域 ……………………………26
- 第2節　ADHD 学生に関する研究動向（日本）………………27
  - 第1項　日本の大学における ADHD 学生数 ………………27
  - 第2項　日本における ADHD 学生の現状 …………………27

第 3 項　ADHD 学生の進路決定の状況 …………………………………… 28
　　　第 4 項　大学生の ADHD 特性に関する先行研究 …………………………… 30

# 第Ⅱ部　本研究の目的と基本概念の定義 ………………………………… 33

# 第 5 章　本研究の目的と基本概念の定義 ……………………………………… 34
　第 1 節　本研究の目的 …………………………………………………………… 34
　第 2 節　本研究の仮説モデル …………………………………………………… 34
　第 3 節　本研究の基本概念の定義 ……………………………………………… 36
　第 4 節　本研究の意義 …………………………………………………………… 39

# 第Ⅲ部　調査研究 …………………………………………………………………… 41

# 第 6 章　尺度の作成（研究 2）………………………………………………… 42
　第 1 節　目的 ……………………………………………………………………… 42
　第 2 節　方法 ……………………………………………………………………… 42
　第 3 節　結果と考察 ……………………………………………………………… 45
　　第 1 項　「ADHD 特性尺度」の確認 ………………………………………… 45
　　　1．質問項目の検討 ……………………………………………………… 45
　　　2．妥当性および信頼性の検討 ………………………………………… 47
　　　3．尺度得点の算出 ……………………………………………………… 48
　　第 2 項　「大学生活上の困難尺度」の作成 ………………………………… 48
　　　1．質問項目の検討 ……………………………………………………… 48
　　　2．妥当性および信頼性の検討 ………………………………………… 50
　　　3．尺度得点の算出 ……………………………………………………… 51
　　第 3 項　心理社会的発達課題の達成感 …………………………………… 53
　　　1．質問項目の検討 ……………………………………………………… 53
　　　2．妥当性および信頼性の検討 ………………………………………… 55
　　　3．尺度得点の算出 ……………………………………………………… 55

第4項　「進路決定状況尺度」の作成 ………………………………… 57
　　　　1．項目の再検討 ………………………………………………………… 57
　　　　2．妥当性および信頼性の検討 ………………………………………… 58
　　　　3．尺度得点の算出 ……………………………………………………… 63
　　　第5項　本研究で使用する尺度のまとめ ………………………………… 63
　　　　1．項目数，範囲，平均，標準偏差，α係数 ………………………… 63
　　　　2．性差 …………………………………………………………………… 63

第7章　セルフレポートによる大学生のADHD特性の特徴
　　　　（研究3）……………………………………………………………… 66
　第1節　分布の特徴 …………………………………………………………… 66
　　第1項　目的 ………………………………………………………………… 66
　　第2項　方法 ………………………………………………………………… 66
　　第3項　結果と考察 ………………………………………………………… 68
　　　　1．全体の傾向 …………………………………………………………… 68
　　　　2．性別による差 ………………………………………………………… 68
　第2節　ADHDサブタイプの特徴 ………………………………………… 70
　　第1項　目的 ………………………………………………………………… 70
　　第2項　方法 ………………………………………………………………… 70
　　第3項　結果と考察 ………………………………………………………… 73

第8章　大学生のADHD特性が進路決定におよぼす影響
　　　　（研究4～6）……………………………………………………… 76
　第1節　大学生のADHD特性が大学生活の困難さに与える影響
　　　　（研究4）……………………………………………………………… 76
　　第1項　目的 ………………………………………………………………… 76
　　第2項　結果と考察 ………………………………………………………… 77

1．仮説の検証 ……………………………………………………………… 77
　　　2．仮説モデルの検討 ……………………………………………………… 80
　第2節　大学生のADHD特性が，直接または大学生活における適応
　　　　　状況を通して，進路決定に与える影響の検討（研究4）……… 85
　　第1項　目的 ………………………………………………………………… 85
　　第2項　結果と考察 ………………………………………………………… 85
　　　1．仮説の検証 ……………………………………………………………… 85
　　　2．仮説モデルの検討 ……………………………………………………… 88
　第3節　大学生のADHD特性が，心理社会的不適応感や大学生活上
　　　　　の困難を介して進路決定状況に与える影響の検討（研究5）… 90
　　第1項　目的 ………………………………………………………………… 90
　　第2項　結果と考察 ………………………………………………………… 91
　　　1．仮説モデルの検討 ……………………………………………………… 91
　第4節　第Ⅲ部のまとめ ……………………………………………………… 92

# 第Ⅳ部　ADHD学生に対する支援 ……………………………………… 95

## 第9章　ADHD学生に対する支援の現状 …………………………… 96
　第1節　米国における発達障害のある大学生に対する支援 ……………… 96
　第2節　日本における発達障害のある大学生への支援 …………………… 98
　第3節　ADHD学生に対する支援方法 …………………………………… 101
　第4節　ADHD特性を意識した進路決定の支援 ………………………… 102

## 第10章　注意に困難さのある大学生への支援プログラム開発の
　　　　　試み（研究7）………………………………………………… 104
　第1節　目的 ………………………………………………………………… 104
　第2節　方法 ………………………………………………………………… 104
　第3節　結果 ………………………………………………………………… 110

第4節　考察 ……………………………………………… 124
　　第5節　今後の課題 ……………………………………… 127
　　第6節　第Ⅳ部のまとめ ………………………………… 129

第Ⅴ部　総括 ……………………………………………………… 131

第11章　総合考察および今後の課題 …………………………… 132
　　第1節　本研究の総括および総合考察 ………………… 132
　　第2節　今後の課題 ……………………………………… 136

引用文献 …………………………………………………………… 143
資料 ………………………………………………………………… 157
あとがき …………………………………………………………… 171

# 第Ⅰ部

# 大学生のADHDに関する研究動向(研究1)

# 第1章　日本の大学における発達障害学生の現状

　平成28年度学校基本調査（文部科学省，2016）によると国内の大学短期大学進学率は54.8%に達した。それに伴い，障害を有する学生の進学率も次第に高まり，大学はユニバーサル化に向けて歩みを進めている。日本学生支援機構が2005年度より行っている「障害のある学生の修学支援に関する実態調査」によると，大学における障害学生の数は年々増加し，2015年には19,591人に達している。特に，限局性学習障害（Specific learning disorder；SLD），注意欠如・多動性障害（Attention Deficit - Hyperactivity Disorder；ADHD），自閉症スペクトラム障害（Autism Spectrum Disorder；ASD）等の発達障害の障害学生に対する割合は，平成20年度の5,797名（4.1%）から，平成28年度では19,591名（15.1%）と増加が著しい（Figure 1-1）。

　発達障害のある学生には，その障害特性からさまざまな適応上の困難さが想定される。発達障害の主特性に由来するものだけではなく，ハンディのある生活をしていく中で背負ったいわゆる二次障害や併存する障害によるものも多い。2005年に実施された「発達障害のある学生の支援に関する全国調査」では，797校からの回答のうち，229校（30%）で過去5年に発達障害のある学生から「対人関係でのトラブル」や「学業上の困難」などの相談を受けたと答えており（独立行政法人国立特殊教育総合研究所，2007；佐藤・德永，2006），今日の高等教育の課題として発達障害のある学生の理解と支援は必須のものとなっている。2005年に施行された発達障害者支援法でも，「大学及び高等専門学校は，発達障害者の障害の状態に応じ，適切な教育上の配慮をするものとする」（第8条第2項）ことが明記され，大学・短期大学に対して発達障害の学生への教育上の配慮が広く求められるようになった。さらに，2007年の「障害者の権利に関する条約」への署名以降，「障害基本法」の改

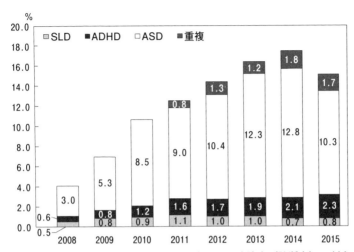

Figure 1-1　大学に在席する障害学生に占める発達障害（診断有）の割合

（独立行政法人日本学生支援機構，2008-2015）

注）2015年，全障害に対する割合が減少しているのは，精神障害病弱虚弱を正式に把握するようになったからである。実数は年々増加している

正，「障害を理由とする差別の解消の推進に関する法律（障害者差別解消法）」の公布，2016年の施行と，障害者に対する差別的取扱いの禁止と合理的配慮の不提供の禁止という基本原則を具体化するための対応要領の策定を行ってきたが，発達障害を含めた障害者が平等に高等教育一般の機会を与えられる支援体制の整備が急務となっている。

　発達障害者支援法に基づき，大学において「発達障害」として支援の対象となっているのは，学習障害（Learning Disabilities；LD），注意欠如・多動性障害（Attention Deficit - Hyperactivity Disorder；ADHD），広汎性発達障害（PervasiveDevelopmentalDisorders；PDD）等であるが（文部科学省，2005），ADHDは大学において行動上の問題が重篤化しやすい障害のひとつである。大学生活は，学習や生活，対人関係などさまざまな面で，高校までの学習環境と異なり構造化の程度が低い。そのため，大学生にはある程度の自主性，計画性，自己管理が求められる。しかし，ADHDのある大学生は，体系的な思考や

自己抑制の弱さによる行動規範維持の苦手さ（Turnock, Rosen, & Kaminski, 1998），学習習慣が形成されにくいことによる学習スキルの獲得の遅れ（Norwalk, Norvilitis, & MacLean, 2009），時間的な見通しのつきにくさ（Prevatt, Lampropoulos, Bowles, & Garrett, 2011）など，大学生活に必要な計画性や自己管理，自己抑制など発達的に獲得されるべき種々のスキルの獲得が遅れている（Barkley & Murphy, 2006）。そのため，大学で新たに学習，対人関係，社会性などさまざまな点で問題を引き起こすと考えられている。特に，ADHDのある大学生にとって，進路決定は困難を極める。平成27年度のADHDのある学生の就職率（3月卒業者のうち，就職者の占める割合）は41.7％と大学生全体の就職率が72.6％であるのに対し非常に低い。また，進路未決定卒業（学卒無業）や現況不明の学生の割合は，一般の大学生全体の倍近くであり，ADHDのある大学生にとって進路決定は容易な課題ではないことがわかる。

このように，大学におけるADHDのある学生への具体的な支援が迫られている。しかし，日本における青年期・成人期のADHDの知見はようやく収集されはじめたばかりであり，特性の理解に基づいた支援については，まだ手探りの状態である。

# 第2章　ADHDの概念

## 第1節　ADHDの定義

　2000年以降，ADHDの標準的な定義はアメリカ精神医学会の診断基準の定義であるDSM-Ⅳ-TR（American Psychiatric Association, 2000）の操作的定義に従ってきた。

　不注意の症状9項目と多動性・衝動性の症状9項目のうち，それぞれ6項目以上，または片方のみから6項目以上の症状があるもので，広汎性発達障害や統合失調症，あるいは他の精神病性障害の経過中に現れるものではなく，気分障害，不安障害，解離性障害などの症状では説明できないこと，7歳以前に症状のいくつかが明らかに存在しており，2か所以上の異なった場で同様の症状があらわれていることが条件となる。そのうえで，それによって社会的機能や学習機能などの著しい障害が生じているものがADHDと定義される。

　現在の操作的診断体系による精神障害の概念は原則として病因を含まずに定義されており，現象面での均質性と諸条件を満たすことで診断されている。ADHDに関しても，遺伝的要因や胎生期や幼児期早期における外因，あるいは幼児期早期からの虐待などが病因になる可能性も示唆されているが，明言は避けられている。

　2015年にDSM-5（American Psychiatric Association, 2013）に改訂されたことにより，分類カテゴリーが変化した（Table 1-1）。「通常，幼児期，小児期，または青年期に初めて診断される障害」のなかの破壊的行動障害から自閉症スペクトラム障害と同じ「神経発達障害（Neurodevelopmental Disorder）」に

変更され,国際的に「発達障害」として承認された。これは,近年の脳科学の発展によってADHDの症状の背景に実行機能系の機能障害や,報酬系機能障害,時間管理機能の障害などの神経心理学的な知見が蓄積されてきたことによるものである。DSM-5の改訂では,他にも,症状の中に成人を意識した項目の表現を増やし,発症年齢を7歳から12歳に変更,自閉性スペクトラム症との併存が可能になったことから,青年期や成人の診断がおりやすくなっている。DSM-5の日本語版は2014年に出版されたばかりであり,診断項目の本質的な内容は変わっていない。また,ADHDの主症状は,多動性,衝動性,不注意であるが,DSM-Ⅳ,ICD-10（World Health Organization, 1992）でも多動性と衝動性はひとつにくくられていることから,ADHDの主症状を「不注意」と「多動性・衝動性」として取り扱っている（斉藤,2010）。

Table 1-1 ADHDに関するDSM-Ⅳ-TRとDSM-5の相違

|  | DSM-Ⅳ-TR | DSM 5 |
| --- | --- | --- |
| カテゴリー | 注意欠陥および破壊的行動障害 | 神経発達障害 |
| 不注意 | 9項目<br>主に,子どもの行動 | 9項目<br>成人の行動を加筆 |
| 多動性・衝動性 | 多動性　6項目<br>衝動性　3項目 | 多動性・衝動性で<br>9項目 |
| 発症年齢 | 7歳以前 | 12歳以前 |
| ASDとの併存 | 認めない | 認める |
| サブタイプ | 不注意優勢型 | 不注意優勢状態 |
|  | 多動性-衝動性優勢型 | 多動性／衝動性優勢状態 |
|  | 混合型 | 混合状態 |
| 重症度 | なし | 3段階 |
| 部分寛解 | なし | あり |

## 第2節　行動特性としてのADHD特性

　ADHDという障害の定義は,「不注意」と「多動性・衝動性」という基本特性の強さとそれによる適応の悪さによって診断されるが,心理臨床的介入においては,確定診断を条件として支援を行うのではなく,診断の有無にかかわらず本人が認識している特性や困難さに,まずは一次的に対応しながら,より包括的な対応を探ることも有用と考えられる。遠矢（2002）は,日本では未診断の学生が多い点を考慮して,診断の有無にかかわらず,ADHDの主症状を認識する人びとをスペクトラム（spectrum）としてとらえ,通常の社会生活をおくる人びとの抱える心理・行動的困難を明らかにし,心理臨床学的手がかりを得ることの必要性を指摘している。また,田中（2013）は,ADHDのある成人への心理的介入を,「個々の特性と障害の特徴を区別せず,本人が認識している日常生活の困難さを一緒に悩み,少しでも良い方向へ向ける努力に基づく行為」と定義し,発達支援の重要性を指摘している。

　岡野他（2004）は,ADHDに代表される不注意,多動性・衝動性の行動パターンを,程度の差こそあれ,すべての人が持ち合わせている行動特性と仮定し,きわめて強い個体から弱い個体までの連続スペクトラムを形成すると仮定した。これらの行動特性が強いために,周囲との葛藤が生じている場合にADHDと評価される。行動特性と仮定することで,併存の説明がしやすくなる,発達の過程での環境との交互作用による影響を説明しやすくなるなどの利点がある。どのくらいの強さの特性を持っている者が,どのような環境との交互作用により,不適応を起こすのかを解き明かすことによって,的確な支援を届けることができる。

　本研究では,ADHDに代表される「不注意」「多動性・衝動性」の行動特性を「ADHD特性」と定義し,この行動特性に焦点をあてる。

# 第3章　青年期および成人期のADHDの特徴

## 第1節　ADHDの診断と有病率（疫学）

　ADHDの有病率は，学齢期の子どもの有病率は3～7％（American Psychiatric Association, 2000），成人期の有病率は4～5％程度（Murphy & Barkley, 1996）といわれている。これらの数値は，児童期までに診断を受けたADHD児の追跡調査から推測されたものであり，わずかなサンプルから推定しているのが現状である。中には，ADHD児の症状は，18歳時点では40％程度維持しているが26歳時点では4％に減じるという報告もある。Simon, Czobor, Bálint, Mészáros, & Bitter（2009）による有病率のメタアナリシスによると，欧米において成人期の有病率は0.5％程度から4.6％程度までと幅がある。また，世界保健機関（World Health Organization；WHO）の行った北米，欧州，中東を含む多国籍疫学調査では，国によって違いが大きく，1.2～7.3％の範囲に分布し，世界全体では3.4％と報告されている。一方で，成人期になって診断基準を満たさなくなった者でも，その多くに診断閾値に達しないADHD症状が認められたり，社会生活機能が損なわれている（Biederman, Mick, & Faraone, 2000）ことも報告されており，成人期のADHDの確定診断の難しさが窺われる。

　成人期のADHDの診断の難しさには少なくとも2つの要因があり，ひとつは，DSM-Ⅳ-TR診断基準の問題，もうひとつは併存症の問題が指摘されてきた。

　まず，成人期のADHDをDSM-Ⅳ-TR診断基準で診断するには不充分であるという報告が多々ある。特に，行動面の問題を伴う多動性や衝動性が発

達に伴い減じることによって，診断されるべき人が低く見積もられてしまうという報告は多い（Heilegenstein, Conyers, Berns, & Smith, 1998；Mannuzza, Klein, Bessler, Malloy, & LaPadula, 1998）。また，成人期になると，個人に求められる社会適応性や生活環境そのものにも変化が生じることから，症状の現れ方が変容し（Weiss & Weiss, 2004），DSM-Ⅳの診断基準だけではとらえることが難しくなる。このため，診断する対象によってスコアの閾値を修正する（Heilegenstein, et al., 1998；Barkley, Fischer, Smallish, & Fletcher, 2002），あるいは診断基準の構成を一部調整する考えもある。たとえば，Wender（1998）は，多動性5項目，不注意4項目に加えて，感情の不安定性，激しやすさ，感情の揺れ動きやすさ，順序立てて行動できない，衝動性の5つのうち少なくとも2つを成人期ADHDの診断に必要な症状としてあげた。また，Hallowell & Ratey（1994 司馬訳 1998）も成人期のADHDの臨床特徴をあげ，20項目のうち12項目以上があればADHDと診断できると述べている。ただし，この2つの基準ではいずれも7歳以前からの症状が存在すること，すなわち児童期からADHDであったことが求められているが，実際には成人期になってからの受診では就学前のエピソードを把握しにくいといった問題もある。さらに，どこをカットオフポイントにするかについても一様でなくその判断にも難しさが存在する。これらの問題を踏まえ，DSM-5では，成人期の症状も診断基準に例として組み込まれた。

　もうひとつの問題は，併存障害の存在である。成人期のADHDでは多くの併存障害が存在し診断を難しくしている。外在化障害として，反抗挑戦性障害や行為障害を併存することは広く知られているが，他にも気分障害（うつ病性障害，気分変調症，双極性障害），不安障害，物質使用障害，パーソナリティ障害が認められており，小児発症双極性障害とADHDの鑑別と併存に関する議論も注目を集めてきた。Heilegenstein & Keeling（1995）は，大学の保健管理センターを利用した42人のADHDと診断されている学生（男29名，女13名）を調べた結果，26％がうつ，5％が不安障害，26％が薬物やア

ルコールの問題，2％がLD，2％が摂食障害とADHD診断学生の55％が併存障害を有し，ADHDはこれらの障害の背景に隠れがちであった。また，DSM-Ⅳ-TRでは，PDDとADHDが併存する場合には，PDDが優先されることも青年期のADHDが背景に隠れる原因のひとつであったといえる。

　以上，少なくとも2つの要因から成人期のADHDを診断，鑑別診断することには難しさがあり，どの程度の成人がADHDと診断されるかは推測の域をでないが，医学的見地からは薬物療法の適用をめぐりADHDの鑑別診断は重要である。Barkley & Murphy（2006）は，成人期のADHDを診断するには最低でも，学生と重要な他者（例えば親）との臨床インタビュー，ADHDに関連する症状の自己レポート・アンケート，親による現在および幼少期の行動に関する質問紙，学業成績，知能検査を含む包括的なアセスメントの必要があると述べている。また，近年は米国で先行している心理教育的介入を活用したResponse to Intervention（RTI）という手法（川合，2009）により，困難さに対処しつつ，その反応を見ながらより適切な診断を探索することも検討されている。

## 第2節　青年期・成人期のADHDの臨床像

　ADHDの主症状は「不注意」と「多動性・衝動性」であるが，本態は抑制の欠如と自己調整の困難さであり，年齢や環境によって諸症状の表現形は変化する（Barkley, 1998）。Table 1-2に発達時期によるADHDの臨床像をまとめた。行動面で目立つ粗大な「多動」は加齢に伴い軽減していくが，青年期以降も「不注意」や「衝動性」の症状は残存しやすく，形を変えながら一生続くものとされる（Achenbach, Howell, McConaughy, & Stranger, 1995）。

　青年期以降になると決められた時間内に複数の難しい作業も効率よく自力でやり遂げることが求められるが，背景に想定されている未熟な実行機能の影響で学業，仕事，対人関係に支障をきたしやすいという特徴が顕在化する

## Table 1-2 発達時期による ADHD の臨床像

| 発達時期 | 臨床像 | 対人関係など |
|---|---|---|
| 1. 乳児期 | よくぐずり泣く，睡眠が不安定，授乳と食事の問題，発声が乏しい，抱かれるのをしばしば嫌がる，なだめにくい，あやしたりほほえみかけても喜ばない（難しい気質の乳児） | 親子間の結びつきや愛着関係の形成が妨げられる。 |
| 2. 幼児期 | 過活動（はしゃぎすぎ，熱狂的，興味転導）が6か月以上持続する<br><br>不注意（遊びが次々移るなど）<br>自己コントロールと調整が難しい（指示に従わない→反抗的行動，かんしゃくが激しい） | 生活習慣の獲得が難しい<br>しつけしづらい→体罰，虐待 |
| 3. 幼稚園／保育園 | 人に慣れ親しみやすい<br>衝動性と気の散りやすさ（けが，危害，物品破損，順番が守れない） | 同年代の子どもと一緒に遊べない<br>社会的スキルの獲得が困難<br>就学前のレディネスの獲得が困難 |
| 4. 学童期 | 学校の枠組みにあわない<br>不注意，多動，衝動性のうち，抑制コントロール，行動調整が困難<br>学習の機会を失い，学業に支障をきたす<br>周りの大人との葛藤<br>攻撃性，反社会的行動 | 仲間から孤立<br>周りの大人との葛藤<br>反抗挑戦的な関係<br>親の有能感の低下・家庭崩壊・保護者の孤立・精神的健康を損なう |
| 4. 青年期 | 1）AD/HD の症状そのものは減少（自己コントロールの問題は残存）<br>2）学業成績の不良，自尊感情が低い，仲間関係が不調<br>3）反社会的行動（10〜45％）<br>　逸脱行動，約束反故，責任感がない，信頼できない | 仲間関係の不調<br>家族関係の混乱と家族内葛藤 |
| 5. 成人 | 症状の残存：15-25％，30-50％は日常生活に何らかの支障を感じる<br><br>行動特徴の自覚→対処法の獲得<br>抑制欠如（転職が頻繁，仕事上の失敗，衝動買い，思いつきの旅行，交通事故の繰り返し，反社会的行動と拘留実行機能の問題（整理整頓ができない，忘れ物が多い，時間感覚がない，計画を実行できない　など） | うつ病，双極性障害，反社会的人格障害，強迫性障害などの精神障害を併存 |

こともよくある。Wender（1995 福島・延与訳 2002））は，児童期に診断したADHD児の成長後の姿を検討するために，児童期と成人期を比較して症状をまとめている。その中では，成人期の特徴として，注意困難（退屈な作業をするのが難しい，人の話を妨げる，忘れ物が多い），多動と協調行動の困難（動かずにいるよう強制されると不安になる），衝動性（離職が多い，多重の結婚経歴を持つ），無秩序さ（整頓できない），興奮追求（交通事故に遭いやすい，薬物濫用に陥りやすい），感情統制の弱さ（抑うつやかんしゃくをおこしやすい），ストレス耐性の弱さ（日常生活にはあたりまえのストレスに過剰に反応し，混乱し不安に陥る）などがあげられている。問題の中核は，不注意と衝動性に加え，二次的問題としての失敗感，達成感のなさが強く，不安障害や気分障害として診断されることが少なくない（田中，2004）。

## 第3節　青年期・成人期のADHDの治療

このようにADHDは個人の症状やライフステージによってさまざまな生活の困難さを生み出す。特に，青年期・成人期のADHDでは幼少からの失敗経験が積み重なり，自尊心の低下や抑うつ気分など情緒的問題から気分障害や不安障害のような状態を呈することが数多く報告されている。また，ADHD症状が診断基準を満たすほど重篤ではないが機能障害を生じている者は思春期・成人期では多い（Able, Johnston, Adler, & Swindle, 2007）。よって，ADHD者への治療・支援の目的は，短期的には併存する不安や抑うつの症状を消失させること，長期的には症状の改善を含めた生活上の困難を緩和させること，ADHD者の潜在能力を最大限発揮できるように補助することである（Gordon et al., 2006）。ADHDの治療目標は，ADHDの症状をコントロールし自己制御能力を高めることによって，生活における失敗を最小限に抑え，達成感を積み重ね，社会参加や自己実現を支援することにある。

中村（2013）は，成人期のADHDの治療には①家庭や職場での環境調整

（関係者への障害の理解，人間関係，物理的スペースや声のかけ方等）②日々の生活への工夫（時間管理・仕事の整理など），③薬物療法の3つが重要だと述べている。金井・岩波（2013）は，薬物療法，心理社会的治療，環境調整の重要性を指摘しているが，なによりも「患者本人が，自分の状態がADHDという疾患に由来するものであること認識することが，治療の第一歩となる」と述べている。

　薬物療法として，日本では2012年にアトモキセチン（Atomoxetine, ATX：商品名ストラテラ），2013年にメチルフェニデート（Methylphenidate, MPH：商品名コンサータ）のADHDの成人適応が承認された。さらに，2017年には，あらたにグアンファシン塩酸塩（Guanfacine Hydrochloride：商品名インチュニブ）の小児適応が承認された。いずれも，症状を完全に消失させるものではないが，投薬によって，症状が抑えられている間に，心理社会的治療や環境調整などを包括的な対応をすることによって，生活障害の改善をねらうものである。

　心理社会的治療の目標は，日常生活を支える対処法の習得や併存する抑うつや不安を自己管理することで，生活障害の改善を目指すことである。彼らの抑うつや不安は，幼少期から成人期に至るまでの長い間の否定的な経験によるため，過去の経験を考慮して現在の状態を把握することが有益である。Safren, Sprich, Chulvick, & Otto（2004）は，臨床例の積み重ねから，成人のADHDに特化した認知行動モデル（Figure 1-2）を考案している。このモデルは，神経生物学的なADHDの主症状が直接，機能障害（日常生活の支障度）に悪影響を及ぼすのではなく，さまざまな行動的対処法である対処方略を有効に活用できないために機能障害が起きるという経路が1つ，ADHD主症状によって幼少時から失敗経験を繰り返すことによって抱えた非機能的な認知・信念から抑うつ，不安，怒りなどのネガティブな気分状態に陥りやすくなり，保障方略をうまく活用できなくなった結果として機能障害につながると説明している。2つの経路があいまっていったん機能障害が起きると，

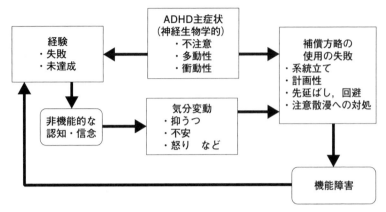

Figure 1-2 成人の ADHD に特化した認知行動モデル
Safren et al. (2004) より

それ自体が失敗経験となって悪循環を形成するというモデルである。Safren et al. (2004) は，主症状は薬物療法で抑制し，心理療法では，適切な補償方略を身につけること，非機能的な認知や信念を柔軟にすることを目標とし，機能障害の緩和を図るとしている。

　具体的な治療においてまず大切なのが，自己理解である。心理教育により，ADHDという障害の理解および心理検査も利用した患者自身の特性の理解について，患者と支援者が共同して話し合っていきながら必要な技法や工夫を学ぶという支援スタンスを作る。その上で，計画性，注意持続訓練，などの成人期の ADHD に特化した技法を組み合わせていくことで，機能障害を軽減させていく。

　環境調整としては，部屋が片づけられない場合には，いらないものを捨てるなど整理整頓の仕方を学ぶ，自分にとって心地よい音楽を BGM で流しておくことで，他の音を遮断する，聞いたことを小さな声で繰り返すことで集中力を維持するなど，様々な方法が提案されている。また，学校や家庭，職場の周囲の関係者に，正しい患者の特徴を知ってもらうことも重要である。

　このように，青年期・成人期の ADHD については，さまざまな側面から

の総合的なアプローチが必要である。

## 第4節　青年期・成人期の ADHD の評価

　では，どのように青年期・成人期の ADHD を診断し，評価するのであろうか。青年期・成人期の ADHD の確定診断は，基本的には子ども同様，半構造化面接，心理教育検査，神経心理学的検査，生育歴の確認，鑑別と併存の診断等の包括的アセスメントが行われる。一方で，確定診断につなげるため，または，診断までには至らないが何らかの支援を模索するために，セルフレポートの質問紙がいくつか開発されている。

　成人の ADHD の行動評価尺度として，アメリカの National Resource Center on ADHD で，18歳を超える成人用として紹介されているのが，CAARS, ASRS ver 1.1, BAARS-Ⅳ, Wender Utah Rating Scale である。

**Conners' Adult ADHD Rating Scales ： CAARS**（Conners, Erhardt, & Sparrow, 1999；中村・染木・大西，2012）

　成人 ADHD の重症度を把握する評価尺度。Conners らが作成。DSM-Ⅳ-TR の診断基準をもとに作成された66項目からなる質問紙。診断項目は成人にあてはまるように改訂が施されている。「不注意／記憶の問題」「多動性／落ち着きのなさ」「衝動性／情緒不安定」「自己概念の問題」の４つの下位尺度からなり，ADHD のある成人を識別するための「ADHD 指標」がある。2012年に日本語版が出版された（Conners, Erhardt, & Sparrow, 1999 中村監訳 2012）。

**Adult ADHD Self Report Scale：ASRS ver 1.1**（Kessler et al., 2005）

　成人期の ADHD 自己記入式症状チェックリスト。世界保健機構（WHO）と Adler et al. からなる成人期 ADHD 作業グループが協力して作成した。DSM-Ⅳ-TR の診断基準18項目からなるスクリーニングツールである。ADHD の診断を最も鋭敏に予測する６項目が指摘されている。全18項目で

生起頻度を5段階で求めている。

Barkley Adult ADHD Rating Scale-IV：BAARS-IV（Barkley, 2012）

18歳以上のADHDの鑑別診断を行うためのツールである。Barkleyらが作成。ADHDの症状と障害の領域を評価できる。DSM-IV-TRの診断基準との関係は確認されている。本人用と関係者用の2つあり，子どもの頃の行動特徴の確認もある。短縮版では3から5分で終了する。より詳しい情報が欲しいときには，Barkley Deficits in Executive Functioning Scale（BDEFS for Adults）やBarkley Functional Impairment Scale（BFIS for Adults）など実行機能に関する評価を行うことを推奨している。

Wender Utah Rating Scale for adults： WURS（Ward, Wender, & Reimherr, 1993）

子供時代の振り返りからの診断，現在の症状，そして，第三者からの子供時代と成人期の行動の情報収集によってADHDを評価するものである。不注意と多動の主症状に加え，情緒不安定，イライラと短気，ストレス耐性の低さ，まとまりのなさ，衝動性の5症状のうち2つの存在によって成人のADHDと診断する。不注意と多動，両方の継続を求めるため，不注意優勢型が除外されてしまうという問題を抱えている。

日本では，2000年頃から，大人のADHDに関する書籍の中でWURSやHallowell & RateyのADD診断基準（「日本語版大人のためのAD（H）D20の質問」）が紹介されてきたが（宮尾, 2000），標準化には至らなかった。現在，ASRSとCAARSは日本語版が作成されているが，いずれも，DSM-IV-TR診断項目18項目をベースに，成人に見られるADHD関連の症状を加えたものである。

大学生に限定した尺度としては，DSM-IV診断基準に基づく大学生の能力をセルフレポートで測定するものとして，The ADHD Behavior Checklist（Murphy & Barkley, 1996），The College ADHD Response Evaluation（CARE；Glutting, Sheslow, & Adams, 2002），ジョージア大学LDセンターの行

動チェックリスト等があるが，決定的な尺度は未だに得られていない。

　日本では，篠田らはジョージア大学LDセンターの行動チェックリストをもとに「大学生のためのADHD傾向チェックリスト」の作成を試みてきた（篠田・篠田・高橋，2001；篠田・高橋，2003；高橋・篠田，2001）。その過程において，TCI（Temperament and Character Inventory；Cloninger, Svrakic, & Przybeck, 1993）やYSR（Youth Self Report ： Achenbach, Howell, McConaughy, & Stranger, 1995）との外部妥当性を検討したところ，ADHD尺度総得点とTCIの「新奇性」との間に正の相関が，また，YSRの「不安・抑うつ」と「不安・不全感」，「注意の問題」と「不注意」・「プランニングの弱さ」，「攻撃的行動」と「多動・衝動性」・「耐性の弱さ」との間に正の相関がみられ，外部妥当性が確認されている。

　また，直接ADHDの特徴を評価するわけではないが，ADHDと密接な関係のある実行注意（executive attention）に焦点をあてた「成人用エフォートフル・コントロール尺度日本語版」も開発されている（山形・高橋・繁桝・大野・木島，2005）。エフォートフル・コントロールとは実行注意の効率を表す概念で，「顕現して継続中の反応を抑制し，非顕在的な反応を開始したり，計画を立てたり，誤りを検出したりするための能力」と定義されている。①行動抑制の制御（Inhibitory Control）：不適切な接近行動を抑制する能力，②行動始発の制御（Activation Control）：ある行動を回避したい時でもそれを遂行する能力，③注意の制御（Attentional Control）：必要に応じて，集中したり注意を切り替えたりする能力の3つの下位尺度から構成されており，より実行注意を細かい側面で捉えようとするものである。

　ADHDの診断においては，当該症状が1つの場面のみで認められる場合には，その場面におけるストレス因子による適応上の問題が生じている可能性を考慮する。そのため，具体的かつ客観的に量的に評価する必要があるため，尺度は2つ以上の場面で第3者評価をえることが多い。しかし，成人においては，第3者からの観察評価を得ることが難しいため，主観的な評価の

影響を強く受けるという課題がある。しかし，本人にとって，どのような症状がどの程度生起しているのかを評価することは，具体的な支援を準備するためには重要な情報といえる。

# 第4章 大学生のADHD

　本章では，ADHDの診断歴のある学生，また，セルフレポートで不注意と多動性・衝動性といったADHDの症状が強い大学生に関する国内外の先行研究を概観する。便宜上，これらの学生を「ADHD学生」と表現する。

## 第1節　大学生のADHDに関する海外の研究動向

　社会科学や健康科学関連のデータベースSAGE journals onlineをもとに，要約の中に，ADHD（"ADHD"，"AD/HD"，"attention deficit hyperactivity disorder"）と大学（"college"，"university"）と学生（"student"，"students"）のキーワードを含む1996年から2015年までの論文を検索した結果，140本の論文が検出された（Table 1-3）。
　そのうち自閉症に関するもの，子どもを対象にしたもの，一般的な成人を対象としたものを除いた137本がADHD学生に関連した研究報告であった。論文の報告内容を年度別に複数で集計した結果，1）特性とアセスメント（73本），2）適応（87本），3）支援関係（37本），4）レビュー（6本）であった。その7割は2008年以降に報告されていることから，ADHD大学生に関する研究は発展中の領域といえよう。

### 第1項　ADHD学生の特性とアセスメントに関する領域

　この領域はADHD学生の認知や行動上の特性や特性を測る尺度作成や信頼性妥当性，認知検査の作成や信頼性妥当性，有病率など関するものである。137本のうち73本の論文がこの領域に関して論じていた。
　ADHD学生は，ワーキングメモリなど認知的な弱さ（Barkley, Murphy, &

Table 1-3　ADHD学生を対象とした領域別研究報告数の推移

| | ①アセスメント | | | | | | ②適応 | | | | | ③支援治療 | | ④展望 | 各年の合計 |
|---|---|---|---|---|---|---|---|---|---|---|---|---|---|---|---|
| | 尺度関連 | 特性 | 有病率 | 属性比較 | 併存障害 | 詐病 | 教育学業 | 心理 | 社会 | 対人関係 | 職業 | 支援 | 薬物関連 | | |
| 1996 | | | | | | | | | | | | | | | |
| 1997 | | 1 | | | | | 1 | 1 | | | | | | | 3 |
| 1998 | | | | | | | | | | | | | | | |
| 1999 | | | | | | | | | | | | | | | |
| 2000 | | | | | | | | | | | | | | | |
| 2001 | | | 1 | 1 | 1 | | | 2 | | 1 | | | | | 3 |
| 2002 | | 2 | | | | | | 1 | 1 | | | 1 | | | 4 |
| 2003 | 1 | | | | | | | 1 | | 1 | | | | | 3 |
| 2004 | | | | | | | 1 | | | | | | | | 1 |
| 2005 | 1 | | | 1 | | | | 1 | 1 | | | 1 | | | 2 |
| 2006 | | | | 1 | | | | 1 | 1 | | | | | 1 | 3 |
| 2007 | 3 | | | | 2 | | 2 | 1 | | | | | | | 8 |
| 2008 | 4 | 1 | 1 | 3 | | | 2 | 1 | 1 | | | | 2 | 1 | 10 |
| 2009 | 4 | 1 | 1 | | | | 5 | 4 | 3 | 2 | 1 | 1 | 2 | 1 | 12 |
| 2010 | 2 | 4 | | 1 | | | 4 | 3 | 3 | 2 | | 1 | 4 | 1 | 6 |
| 2011 | 2 | 4 | | | | | 3 | 2 | 3 | 1 | 1 | 2 | 1 | | 13 |
| 2012 | 1 | 3 | | | | 1 | 2 | 2 | 2 | | | | 1 | 1 | 9 |
| 2013 | 5 | 3 | | | | | 2 | 1 | 1 | | | 3 | 1 | | 11 |
| 2014 | 5 | 2 | | | | 2 | 3 | 2 | 3 | 1 | | 4 | 1 | | 21 |
| 2015 | 4 | 3 | | | | | 2 | 2 | 6 | | | 12 | | 1 | 28 |
| 合計(%) | 32 | 24 | 3 | 7 | 4 | 3 | 27 | 25 | 25 | 6 | 4 | 25 | 12 | 6 (4.4) | 137 |
| | 73(53.3) | | | | | | 87(63.5) | | | | | 37(27.0) | | | |

SAGE online Journal (1987-2015) より
注）各論文で報告されている内容を，複数で集計した

Kwasnik, 1996) や怒りや抑うつなど感情の抑制の弱さ（Weyandt, Mitzlaff, & Thomas, 2002），多動性・衝動性よりも不注意が目立つ（McKee, 2011）などの特徴が指摘されていた。ADHD 学生の診断には，認知検査や研究者個人が DSM-Ⅳ-TR 診断基準等を参考に作成した質問紙が用いられていることが多く，標準化された質問紙はいまだに確立されていない。その中では，児童期に有効とされている CPT が大学生にも有効性であること（Cohen & Shapiro, 2007），BSCC と他の ADHD 症状チェックリストとの関連研究において DSM-Ⅳ-TR18項目のみ（ワーディングを多少修正）で ADHD 学生の主症状がとらえられる可能性が示唆されたこと（Ladner, Schulenberg, Smith, & Dunaway, 2011）等は興味深い。このように，決定的な診断方法が確立されていない中ではあるが，DuPaul, Weyandt, O'Dell, & Varejao（2009）は，ADHD 学生の有病率について DSM-Ⅳ-TR 基準やセルフレポートを使って調査した6つの論文をレビューし，おおよそ 2～8％と推定している。最近は，多くのセルフレポートによるテストでは，本当に能力が低いのか装っているのかを判別することは難しいとの報告も見られるようになった（Harrison, Green, & Flaro, 2012；Musso & Gouvier, 2014）。Musso, Hill, Barker, Pella, & Gouvier（2014）は，ADHD の詐病に敏感な個性評価目録（the Personality Assessment Inventory；PAI）を作成し，実験的に詐病かどうか診断できるか確認したところ，一定程度判別が可能であった。この問題については，今後，合理的配慮の提供が義務化される日本においても重要な問題であると考えられる。

## 第2項　大学生活への適応に関する領域

　ADHD 特性が，大学生活にどのような影響を与えているかについて検討している領域である。137本のうち87本がこの領域に言及している。教育的適応，心理的適応，社会的適応，対人関係の問題，職業的適応の5つに分けてまとめた。

①教育的適応の問題

　欧米では学業成績の指標として大学の成績を表す GPA（Grade Point Average）の得点や卒業率，学業成績の心配，学業適応などが用いられている。ADHD 学生は，一般的に成績が低く学業に関する問題が多く，試験に合格したり卒業することが難しいという報告が多い（Lewandowski, Lovett, Codding, & Gordon, 2008 ； McKee, 2011 ； Rabiner, Anastopoulos, Costello, Hoyle, & Swartzwelder, 2008, 2010；Weyandt & DuPaul, 2006）。その原因として，計画的に考えたり秩序を保つことが苦手であったり，自己抑制が弱く先延ばしにしがちなど学業を成功させる対処行動がうまくできない（Turnock et al., 1998），学習習慣がつきにくく学習スキルが劣っている（Norwalk et al., 2009），内的な落ち着きのなさが強い（Weyandt et al., 2003），作業実行時，時間の見通しがつきにくい（Prevatt et al., 2011），ADHD 学生の学業への動機付けは表層的である（Simon-Dack, Rodriguez, & Marcum, 2014），ADHD 学生の半分にはテスト不安がある（Nelson, Lindstrom, & Foels, 2014），ADHD 傾向は学修スキルを通して GPA に影響している（Gormley et al., 2015）など，学業成績が思わしくない要因に関する報告が多い。

　一方で，ADHD 学生の成績が必ずしも有意に低いとは限らないことも報告されており（Schwanz, Palm, & Brallier, 2007），学業成績に ADHD 特性がどのように影響しているのかは今後の研究が待たれる。

②心理的適応の問題

　個人的な行動や情緒の問題としては，抑うつ傾向，内的な落ち着きのなさ，自尊心の低さ，幸福感の低さなどがあげられている。

　Richards, Rosen, & Ramirez（1999）は，ADHD と診断されている学生は診断されていない学生に比べて，症状チェックリスト（SCL-90-R）の総合得点が高く，特に身体的症状，強迫性，抑うつ，恐怖症性不安，敵対心などが高かったと報告している。特に，抑うつ傾向の強さは近年報告されることが

多い（Rabiner et al., 2008, 2010）。Weyandt et al.（2009）は，ADHD児は大学生になると多動傾向は減少する代わりに内的な落ち着かなさ（internal restlessness）を感じ，そのために精神的につらくなり薬物の不正使用を行うと指摘した。つまり，子どもの頃に顕在化していた行動面の多動に代わる内的な多動性の問題である。

Grenwald-Mayes（2002）は，37名のADHD大学生群と59名の統制群に，生活の質と家族関係について回答を求めた結果，ADHD大学生群は，親子関係が貧困で自分は成長できておらず，幸福感を充分に感じていないと回答するものが多かった。

Dooling-Litfin & Rosen（1997）は，ADHDの治療歴と自尊心との関係を重回帰分析により検討した結果，自尊心の高さは，治療歴や特別な才能やメンターの存在とは関係がなく，ソーシャルスキルの高さや現在ADHD症状の程度と関係していたことから，発達の早い段階で自分の特徴を知り症状のコントロールができるようになるとソーシャルスキルが発達し，結果として自尊心が高まると述べている。

③社会的適応の問題

社会的適応の問題としては，運転に関する問題，薬物やアルコール依存，投薬されている薬物の不正使用の問題があげられている。

ADHD学生は，不注意を原因とする事故や違反，免許取り消しなど運転に関する問題を起こしやすい（Barkley, Murphy, DuPaul, & Bush, 2002）。また，抑制が弱いという特性が薬物やアルコール依存になりやすいというリスクを高めているという報告もある（Baker, Prevatt, & Proctor, 2012）。

中でも最も報告が多いのが，薬物の不正使用の問題である。小児期と同じく，methylphenidate（MPH）やatmoxetine（ATX）をはじめとするADHDの治療薬が，青年期，成人期のADHDの主症状を改善することが明らかにされている。しかし，投薬された薬物の不正使用も欧米では大きな問題であ

り，処方された中枢刺激薬を指示通りに使用しなかったり，違法な麻薬に手をそめることが増加しているという報告も多くある。大学生の不正使用の理由は，学業成績を上げるため（Kollins, 2008；Peterkin, Crone, Sheridan, & Wise, 2010；Rabiner et al., 2009a, b）や内的な落ち着きのなさや精神的苦痛を和らげるため（Weyandt et al., 2009）との報告があり，特に不注意傾向が強いと医学的にのぞましくない服用にはしりがちであると報告されている（Arria et al., 2011）。

④対人関係に関する問題

　対人関係では，攻撃性の高さと他者からの拒否に気づきにくいことが挙げられている。

　特に親密な関係において攻撃性の高さによる問題はおきやすく，混合型の男性の性衝動の高さ（Canu & Carlson, 2003）や，ADHD特性の強いグループの身体的，性的攻撃性の高さ（Theriault & Holmberg, 2001）が指摘されている。また，ADHD学生は敵対的で攻撃行動をとりやすく，社会的に受け入れがたい行動によって怒りを表現する傾向がある（Ramirez et al., 1997），ADHD傾向とパートナーに対する暴力には関連がある（Sacchetti & Lefler, 2014），ADHDのある大学生は，危険な性行動を起こしやすい（Huggins, Rooney, & Chronis-Tuscano, 2015）といったように，攻撃性の表出に伴い対人的なトラブルを惹起しやすいことが示唆された。

　他者からの拒否的感情への気づきの拙さは恋愛関係においても報告されており，不注意型の若い男性は仲間の女性から拒絶される経験を持ちやすいという指摘もある（Canu & Carlson, 2003）。

　また，友人関係については，セルフレポートでADHD傾向が高かった学生と友人関係の評価を比較したところ，友人らのADHD傾向の高い学生への第一印象は非常に肯定的であるが，ADHD傾向の高い学生は，対人葛藤が強く，友人との関係評価が低いと報告されている（McKee, 2017）。

⑤職業的適応の問題

　大学生の就職活動上の困難さについてADHD特性がなんらかの影響を与えていることを示唆するような学術論文はほとんどみあたらなかった。しかし，ADHD学生は常勤に就く期間が短く（Barkley et al., 1996），不注意が強いと職業決定に際して自己効力感が下がる傾向がみられた（Norwalk et al., 2009）という報告等，わずかにではあるがその困難さにかかわる影響も示唆された。青年期後期である大学生にとって，自ら職業を選択，決定し社会の一員として定位していくことは重要な課題である。ADHD学生の職業決定や職場への適応上の課題については，今後の研究がまたれる領域といえる。

　これら適応上の問題は，不注意と多動性・衝動性といった神経生物学的な背景のある個人の特性があるために，高校までの学習環境と異なる自由度の高い大学生活で新たに顕在化する問題であるとの指摘がある（Wolf, Simkowitz, & Carlson, 2009）。大学生活では，学習や生活，対人関係など様々な面で構造化の程度が低く，大学生にはある程度の自主性，計画性，自己管理が求められる。しかし，ADHD学生は，体系的な思考や自己抑制の弱さによる行動規範維持の苦手さ（Turnock et al., 1998），学習習慣が形成されにくいことによる学習スキルの獲得の遅れ（Norwalk et al., 2009），時間的な見通しのつきにくさ（Prevatt, Proctor, Baker, Garrett, & Yelland, 2011）など，大学生活に必要な計画性や自己管理，自己抑制など発達的に獲得されるべき種々のスキルの獲得が遅れている。そのために大学において新たな行動上の問題を引きこしやすいと考えられている（Barkley & Murphy, 2006；Safren et al., 2004）。また，スキルの獲得の遅れとは別に，抑うつ，不安，ストレスなど心的不適応感を持ちやすいことも指摘されている（Alexander & Harrison, 2013；遠矢 2002）。しかし一方で，少ないながらもADHDの症状があり，「生きづらさ」（田中，2012）を感じながらも，本来持っている独創性やフットワークの軽さなどの能力を十二分に発揮し，学業や創造的な活動において活躍している学

生もいるという報告もある（White & Shah, 2001）。

### 第3項　支援・治療に関する領域

　大学生に対する治療に関しては137本中37本報告されていたが，特に2015年に入ってから数多く報告されている。多くは認知行療法およびコーチング・薬物療法の効果に関する報告であった。

　ADHD学生は学業成績を上げるために服薬していることが多い（Rabiner et al., 2009a, b）が，必ずしも服薬していることが学業成績をあげるとはいえない（Rabiner et al., 2008）。かえって，覚醒剤の不正使用やマリファナやアルコールへの依存の問題が大きい（Peterkin et al., 2010）など服薬によるリスクについての報告が目立った。その中で，Advokat, Lane, & Luo（2010）は，ADHD大学生は学業成績や行動上の問題における薬の効果は確認できなかったが，作業をする際の時間の見通しがつきやすくなるなど認知機能に何からの効果がみられたと報告している。

　また，自己制御を高めることによって成績や感情に対する肯定的な効果が得られる（Parker, Hoffman, Sawilowsky, & Rolands, 2013），積極的なADHD学生は，コーチングのセッションの間にコーチから適切な課題を与えられることで，自己制御能力の向上がみられる（Prevatt et al., 2011），コーチが初心者であっても，学習法や自尊心などが改善し，症状の軽減，学校の満足度の上昇に効果がある（Prevatt & Yelland, 2015），実行機能に関するコーチングの効果がある（Goudreau & Knight, 2015），さらに，コーチングの効果測定のための尺度作成（Deal et al., 2015）などがみられる。その他，弁証法的認知行動療法の効果（Fleming, McMahon, Moran, Peterson, & Dreessen, 2015）やセルフモニタリングの介入プログラムの効果（Scheithauer & Kelley, 2014）ワーキングメモリトレーニングの効果（Gropper, Gotlieb, Kronitz, & Tannock, 2014），自己決定プログラムの効果（Farmer, Allsopp, & Ferron, 2015），時間管理やプランニングへの介入プログラムの効果（Lahav, Ben-Simon, Inbar-Weiss, & Katz,

2015) などコーチングや認知行動療法などによる支援の効果に関する報告が2015年になって増加している。

合理的配慮に関しては，学生の意識調査（Chew, Jensen, & Rosén, 2009）から始まり，2013年以降は，試験時間延長の効果に疑問があるという報告がみられる（Lewandowski, Gathje, Lovett, & Gordon, 2013；Lovett & Leja, 2015）。

他にも，運動や音楽の効果に関する報告もあり，これまでの知見に基づいて，さまざまな支援が試みられてきている。

## 第2節　ADHD学生に関する研究動向（日本）

### 第1項　日本の大学におけるADHD学生数

日本学生支援機構が2005年度より行っている障害のある学生に関する実態調査によると，大学における発達障害学生数の増加数は著しく，発達障害学生の数を取り始めた2007年に139名だった診断のある発達障害学生の数は，2016年には3519人に達している。その中で，ADHDの診断のある学生の数は21名から669名と数自体は少ないものの増加率は著しい（独立行政法人日本学生支援機構, 2008-2017）。さらに，2016年度に支援をうけているADHD学生は，診断のある者が476名，診断はないが障害に相当するADHDの特徴を持っているために支援を受けている者が397名と，大学での支援数は増加している。

### 第2項　日本におけるADHD学生の現状

このように日本では把握されているADHDの診断のある大学生の実数は多くないことから，ADHD学生に関する先行研究は，主に事例報告によるものが多い。数は少ないもののADHD学生が抱えている問題は多岐にわたる。

科目履修の管理や提出期限などプランニングの問題や予定通りに進まない（独立行政法人国立特殊教育総合研究所, 2007），「物事を並行して進めることができず別のことを始めると前のことはすっかり忘れてしまう」「指示されたことはできるが自分で計画を立てるように求められると何をしていいか全くわからない」「注意集中が続かず授業についていけない」（竹山, 2007）などプランニングやタイムマネジメントの弱さおよび不注意による学修の問題や，「自尊心が低く，自分はダメな人間であると訴える」「感情的に起伏が多い」「不適応場面でカッとなって，手が出たりする」（独立行政法人国立特殊教育総合研究所, 2007）など抑うつ，感情のコントロールの困難さや自尊心の低さなどを訴えるものは多い。対人関係においては，「約束を守ることができない」「借りたものをなくしてしまう」「孤立している」（独立行政法人国立特殊教育総合研究所, 2007），ゼミなどの討論において，「よく考える前に話してしまう」（佐々木・梅永, 2010）など，表面的な人間関係の中で，不注意や衝動性によって信頼をなくし，孤立する問題などが多く取り上げられていた。

### 第3項　ADHD学生の進路決定の状況

このようにADHD学生は，さまざまな困難さを抱えていることが推測されるが，特に，進路決定は困難を極める。平成27年度のADHDの診断のある学生の就職率（3月卒業者のうち，就職者の占める割合）は41.7％と，大学生全体の就職率が72.6％（Table 1-4）と，徐々に改善はみられているものの，まだまだ厳しい状況は続いており，ADHD学生にとって進路決定は容易な課題ではないことがわかる。

青年期後期における重要な発達課題のひとつが「進路選択」であることはいうまでもない。ADHD学生だけではなく，健常な学生にとっても，重要な問題である。昨今，少子高齢化社会の到来，産業・経済の構造的変化，雇用の多様化・流動化等が進む中，就職・進学を問わず，進路をめぐる環境は大きく変化している。一方で若者の勤労観，職業観の未成熟や社会人・職業

Table 1-4 平成27年度 大学卒業者の進路状況

| | 卒業者数(N) | 進学 | 就職 | 臨床研修医 | 専修学校・教育訓練等（％） | 一時的な仕事で就労 | 左記以外 | 死亡・不詳 |
|---|---|---|---|---|---|---|---|---|
| 全大学総計[1] | 564,035 | 11.0 | **72.6** | 1.6 | 1.2 | **2.1** | **10.3** | **1.1** |
| 発達障害 合計[2] | 1,083 | 9.9 | 40.5 | 0.1 | 5.2 | 6.3 | 26.2 | 12.2 |
| ADHD 合計 | 144 | 13.9 | **41.7** | 0.0 | 2.1 | **9.0** | **18.1** | **15.3** |
| 診断有 | 72 | 11.1 | 48.6 | 0.0 | 1.4 | 8.3 | 20.8 | 9.7 |
| 診断無 | 72 | 16.7 | 34.7 | 0.0 | 2.8 | 9.7 | 15.3 | 20.8 |

1）学校基本調査（文部科学省，2016）より。卒業者は大学（学部）の卒業生のみ
2）平成27年度 大学，短期大学及び高等専門機関における障害のある学生の修学支援に関する実態調査報告書（独立行政法人日本学生支援機構，2016）より，卒業者は，大学，短大，高等専門学校生を含む

人としての基礎的・基本的な資質・能力の不十分さなどについても各方面から指摘されている。このような中で，社会の激しい変化に流されることなく，それぞれが直面するであろう様々な課題に柔軟にかつたくましく対応し，社会人・職業人として自立していくことができるように小学校から高等学校までそれぞれの段階で支援することが求められている（文部科学省，2006）。問題は，単にある職業に就くことではなく，「個々人が生涯にわたって遂行する様々な立場や役割の連鎖及びその過程における自己と働くこととの関係付けや価値付け[1]」できる力をつけていくことだが，実際には大学卒業後の進路決定がなかなかできない学生が増えている。このように，学校から社会への移行を迎える大学でも，学生の進路に対する意思決定を早い時期からいかに支援していくかは大きな問題である。特に，学生相談を中心とした臨床で問題となっていのは，やはり気質的に高い不安を持つために未決定状態が慢性的になるタイプへの処遇であろう。就職をしようとする意思がなかなか持てない学生の問題である。日本でも，笠原（1984）が，心理・社会的モラト

---

[1] 文部科学省（2006）によるキャリアの定義

リアム期の積極的な意味での職業未決定ではなく，アイデンティティの発達が不十分なため職業についての自己決定ができないという消極的，病理的な職業未決定について問題視している。「就職をしようとする意思決定」を阻害する原因としては，①職業決定に関する不合理な信念，②動機の欠如，③自己効力感，④対人関係能力の未熟さなどがあげられるが，自己効力感の弱さや対人関係能力の未熟さは，ADHD 学生の中核的な問題でもあるため，ADHD 特性が進路を決定できないなんらかの原因になっていると考えられる。

このように大学生にとっての進路決定は，人生に深く関わる重大な問題であり，アイデンティティの確立と密接にかかわっている。さらに，日本における就職活動では，膨大な情報の処理と限られた時間という制約もかかっている。巷にあふれる膨大な情報の中から，自分に必要な情報を一定の期限内に処理し行動に移さなければならい。注意力とプランニングが試されているといっても過言ではない。このことからも注意力とプランニングに困難さがある ADHD 学生にとって，進路決定が至難の業であることは容易に想像できる。広瀬（2008）は，ADHD の基本特性の１つである注意に注目し，大学３年生を対象に「職業未決定尺度」（下山，1986），「成人用エフォートフル・コントロール尺度日本語版（山形他，2005）」を用いて，職業未決定の状態像と注意の制御能力との関連を検討した。その結果，「不快感情・刺激からの注意の切替」および「快感情・刺激からの注意の切替」の不良さから，「未熟・混乱」が予想され，不注意があることによって就職しようとする意思を持ちにくくなっている学生の存在を指摘している。

## 第４項　大学生の ADHD 特性に関する先行研究

一般の大学生における ADHD 特性をセルフレポートによって調査した結果，地方国立大学の教育学部学生や医療短期大学の看護学科学生の中には，診断基準を満たすと思われる学生が５％程度みられた（篠田・篠田・橋本・高

橋,2001；篠田・高橋,2003；高橋・篠田,2001)。また，偏差値が50前後の私立大学の文化系学科においては，ほぼ同様の質問をしたにもかかわらず，不注意傾向を強く感じている学生が20％を超えていたという報告もある（篠田,2008)。これらの結果のみから，大学に未診断のADHD特性のある学生が増加しているとは言えないが，ADHD特性を認識して困難さを感じているものが少なからずいることは確かであろう。米国でも，法律で障害への差別を禁じた後，"かくれた"障害としてADHD特性のある大学生が増加した（Wolf, 2001）と報告されていることから，今後日本の大学でも診断のないADHD特性のある学生への対応が求められているといえよう。

高橋・小林（2004）はADHD特性の強さとUPIとの関係を検討し，特性を強く認識しているほど健康度が悪いと報告している。また，篠田・高橋（2003）が地方国立短大の看護学科の女子学生にDSM-Ⅳ-TR診断基準を含むADHD特性チェックリストとYSR（Youth Self Report）への回答を求めた結果，ADHD特性は，YSRの「不安・抑うつ・内閉」，「注意－社会性の問題」と正の相関がみられ，ADHD特性を強く認識しているほど不安・抑うつが強いという海外の研究と一致する結果を得ている。

以上より，不注意，多動性，衝動性といったADHD学生は，その特性から大学生活において不適応を起こしたり，進路決定が困難な状態に陥りやすいと考えられる。しかしながら，ADHD特性が進路決定に与える影響についての実証的な研究はほとんどなされていない。また，これまでの研究は，ADHDか否かによる分析が多くADHD特性の強さとの関係を検討したものはほとんどみられない。ADHD学生に対する今後の具体的な支援を考えるにあたり，ADHD特性と進路決定の関係を介在する要因と併せて明らかにすることには意義があると考える。2016年4月の障害者差別解消法の施行に伴い，大学には具体的な支援として合理的配慮を提供することは義務となった。支援ニーズのあるADHD学生に妥当な支援を行うためにも，ADHD

特性が，どのように大学生活に陰を落としているのか把握し，適切な支援を学生に提供するための支援法を開発することは重要である。

# 第Ⅱ部

# 本研究の目的と基本概念の定義

# 第5章　本研究の目的と基本概念の定義

## 第1節　本研究の目的

　本研究は，大学生のADHD特性と進路決定の関係に注目する。これまで述べてきたが，大学には，未診断ではあるがADHDの特性があり，不適応を起こしている学生が存在する。このような大学生への支援を考えるためにも，診断の有無にかかわらず，ADHD特性に焦点をあてる。また，診断の有無にかかわらず，ADHD特性の強い大学生をADHD学生と定義する。

　前章で述べたように，ADHD学生の就職は困難を極めているが，ADHD学生の進路決定の難しさを規定する要因に関する実証的な研究はみあたらない。社会に出る前の最後の教育機関である大学における支援の方向性を見極めるために，実証研究は必要である。

　そこで，ADHD特性が進路決定に影響するのか，直接的な影響なのか間接的な影響なのか，間接的だとするとどのような要因が考えられるのかについて，成人期のADHDの認知行動モデル（Safren et al., 2004）を大学生の進路決定モデルに改訂し，検証する。さらに，そこで得られた知見を元に，具体的な支援プログラムの開発を試みる。

## 第2節　本研究の仮説モデル

　成人期のADHD認知行動モデル（Safren et al., 2004）を大学生の進路決定モデルに改訂したものが，Figure 2-1である。

　各変数は，①「ADHD特性」がSafren et al. (2004) のモデルの"神経生

物学的要因による ADHD の行動特性"，②1の「スキルの拙さ」が"補償方略の使用の失敗"，②2「心的不適応感」が"精神的問題"，③「心理社会的発達課題の達成感」が"過去の否定的な経験"，④「進路決定状態」が"機能障害"に該当する。

　矢印の向きに関しては，スキルの拙さと心的不適応感の矢印の向きを逆転させた。大学3年生では，大学生活上での失敗が既に否定的な経験として積み上げられてきている。そのため，失敗経験が心的不適応感を引き起こすと考え，矢印の向きを逆転させた。また，Safren et al.(2004) のモデルでは矢印がひかれていなかった①ADHD 特性から④進路決定状況への影響，および②心理社会的発達課題の達成感から④進路決定状況の影響を検討する。前者については，ADHD 特性自体の進路決定に対するリスクを確認する必要があるからである。また，後者に関しては，下山(1986)も指摘しているとおり，職業決定はアイデンティティの確立と関連が深いため，モデルの中に加えた。

　このモデルについて，本研究では3段階に分けて検討する。

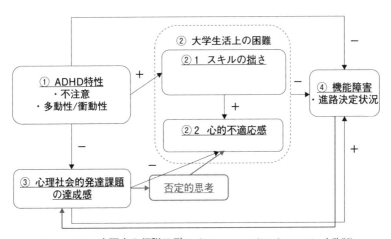

Figure 2-1　**本研究の仮説モデル**（Safren et al.(2004) のモデルを改訂）

1）ADHD 特性の大学生活上の困難に対する直接的，および心理社会的発達課題の達成感を通した間接的な影響（Figure 2-1 の①，②，③の関係）
2）ADHD 特性の進路決定状況に対する直接的，および大学生活上の困難を通した間接的影響（Figure 2-1 の①，②，④の関係）
3）全体的なモデルの検討（①～④の関係）

## 第3節　本研究の基本概念の定義

（1）ADHD 特性（Figure 2-1 の①）

　本研究では，診断の有無に関係なく，ADHD に代表される不注意，多動性・衝動性の行動特性の強さに注目する。診断は，特性の強さに加え，適応の悪さによってなされる。しかし，特性の強さは診断レベルではないが適応の悪い学生も存在する。これらの支援ニーズのある学生の理解と支援法を検討するためにも，特性に注目する。

　よって，ADHD 特性は，"神経生物学的な要因として，すべての人が持ち合わせている不注意，多動性・衝動性の行動特性（岡野他，2004）"と定義する。

（2）機能障害としての進路未決定（Figure 2-1 の④）

　進路決定の状態について，下山（1986）は，積極的な職業探索状態から消極的アパシー状態まで含めた多様な状態として「未熟」「混乱」「猶予」「模索」「安直」「決定」の6つのカテゴリーを見いだしている。「未熟」「混乱」は「就職をしようという意思決定」ができない段階，就職する意思は持っていても今行動することを避けているのが「猶予」，就職する意思を持った上で積極的に具体的な就職活動先や活動方法について試行錯誤しているのが「模索」，就職する意思はもっているが，具体的に考えたり行動することを最低限におさえ，決まりそうな所に決めてしまうのが「安直」であると考えら

れる。この「未熟」「混乱」「猶予」「模索」を進路未決定とし、"将来の職業に関する展望がもてず職業を自己決定しない、できない状態"と操作的に定義する。「先延ばしすることを決める」ことは「就職するという意思決定に対しての当面の態度」は決めていると言えるが、具体的にキャリア決定に対してどう働きかけるかといった要素が伴っていないといった点で、「未決定」とする。また、「フリーターになることを決める」ことは、他の職業に就くまでの生活維持手段としてのフリーター、業種や就業計画などを念頭にしての「一定期間、あるいは一生、正社員ではないが働くという生活スタイルで生きていく」形の1つとしてのフリーターは進路決定とし、それ以外の判断の留保としてのフリーターは進路未決定と考える。

　進路未決定の原因については、「進路選択に対する自己効力の弱さ」(Taylor, K. M. & Betz, N. E., 1983；浦上、1995)、不合理な思い込み (Nevo, 1987；本多、2004)、社会的スキルの不足 (楠奥、2005)、などの個人的な特性の問題に加え、個人と適性と雇用側の求める人物の一致度、キャリアガイダンスやインターンシップなどのリハーサルの有無などキャリア教育の問題、景気動向に応じた雇用者側の事情など様々な要因が複雑に絡み合っていると考えられる。上記の個人的な特性の問題は、ADHD学生にも十分当てはまるものである。実際に統計上も進路決定が困難であることから、ADHD特性がなんらかの影響を与えていると考えられる。

（3）大学生活上の困難（Figure 2-1の②）
　大学生活上の困難は、一般大学生の現在の適応状態を表している。Safren et al. (2004) のモデルでは、補償方略の失敗や精神的問題にあたる部分である。一般大学生のADHD特性に起因すると思われる問題は、スキルの拙さと不安・不全感であるが（篠田・高橋、2003)、スキルの拙さによる失敗が補償方略の失敗、不安・不全感が精神的問題にあたると考えられる。Safren et al. (2004) のモデルは診断のある成人を対象に作られているものであるの

で，障害名のつくレベルの抑うつや不安・怒りなどであるが，本研究の対象は一般大学生であるため，不安・不全感を精神的問題に至る前の心的不適応感（遠矢，2002）と定義する。

（4）心理社会的発達課題の達成感（Figure 2-1 の③）

Safren et al.（2004）のモデルにおける過去の否定的な経験は，心理社会的発達課題の達成感で捉える。ADHDの診断がある者は，発達の早期から行動上の問題を示し，特に児童期以降は適応戦略に失敗しては，否定的な評価を得るという悪循環に陥りやすいため（上林，2008），自己を客観的に眺めることに困難を感じやすい。そのため，自我同一性の確立が阻害され，心的不適応感を感じやすいことが予想される。そこで，各発達段階でのアイデンティティの確立状態を示すと思われる心理社会的発達課題の達成感を基本的信頼感から同一性の確立まで回答することで，過去の体験を便宜的に表すこととした。

Erikson（1959）は，「自我同一性の観念は，過去において，準備された内的な斉一性（sameness）と連続性（continuity）とが，他人に対する自分の存在の意味—"職業"という実体的な契約に明示されているような自分の存在の意味—の斉一性と連続性に一致すると思う自信の積み重ねである。」と述べている。つまり，青年期は「内的な斉一性と連続性」の積み重ねの結果としての「職業」選択によって自らの自己定義を主体的に確立する時期だといえる。乳幼児期以来，漸次形成されてきた多数の同一化群が，青年期において社会的役割の獲得というかたちで統合され，アイデンティティの確立に至る。その社会的役割の獲得において中心的な位置を占めるのが職業決定であり，アイデンティティの拡散・危機は職業決定の不可能というかたちで，最も現れる。つまり，職業未決定はアイデンティティ未発達と密接に関連している（下山，1986；東・安達，2003）。Cohen, Chartrand, & Jowdy,（1995）は，進路未決定を自我発達の視点から研究し，18-26歳の心理学コースの大学生

を対象に，CFI（Chartrand, Robbins, Morrill, & Boggs, 1990）による進路未決定の4つのサブタイプ（「決定への準備状態：ready to decide」「発達的未決定：developmentally undecided」「選択不安：choice anxious」「慢性的な未決定」chronically indecide）ごとに，自我発達スケール（Ochse & Plug, 1986）の最初の5段階の達成度を調査した。その結果，慢性的な未決定グループ（Chronically Indecisive group）はすべての心理社会的危機の解決が難しく，アイデンティティの確立の前に基本的信頼，自律，積極性の獲得の必要性を示唆している。このように，進路決定の関係が深く，過去の経験を把握する概念として，心理社会的発達課題の達成感は最適と考えられた。

## 第4節　本研究の意義

本研究の意義は次の2点である。

第1はADHDの疑いのある大学生の理解と支援のあり方への手がかりを提供するものである。大学における発達障害学生への合理的配慮は，診断に限らず，特性による不適応と確認されれば提供されている。診断のある大学生だけではなく，行動特性に注目することによって，大学生における行動特性としてのADHD特性がどのように分布しているのか，また，ADHD特性やそれに付随する要因との因果関係を明確にすることによって，診断にかかわらず大学生のADHD特性に対する今後の支援の方向性を示すものとなろう。

第2に，ADHD特性が進路決定におよぼす影響を明らかにすることにより，ADHD特性のある学生へのキャリア支援に必要な支援の手がかりを提供することが可能である。ADHDをはじめとした発達障害学生の進路決定は，一般の大学生と比較して困難を極めている現状がある。ADHD学生には既存のキャリア支援でよいのか，何が足りていないのかを確認することは，今後の発達障害学生へのキャリア支援の鍵となると考えられる。

# 第Ⅲ部

# 調 査 研 究

# 第6章　尺度の作成（研究2）

## 第1節　目　的

　本研究の仮説モデルを構成する「ADHD特性」,「大学生活上の困難」,「進路決定状況」,「心理社会的発達課題の達成感」を測定するための尺度について検討した。

## 第2節　方　法

### 1．予備調査および本調査の概要
【予備調査1】
対　象　者：都内私立大学の心理系学部の大学生165名（男性43名，女性122名）。
　　　　　平均年齢20.2歳（$SD=1.51$）。
　　第1回　都内私立大学の心理系学部の大学生99名，25歳以上および回答に不備のあった8名を除いた91名（有効率91.9％）を分析の対象とした。男26名，女65名。1年が94.5％。年齢は18～23歳。
　　第2回　都内私立大学の心理系学部の大学生82名，25歳以上および回答に不備のあった8名を除いた74名（有効率90.2％）を分析の対象とした。男17名，女57名。3年が79.7％，4年生16.2％。年齢は18～25歳。
調査時期：2008年1～2月
調査内容：①「大学生のためのADHDチェックリスト（篠田・高橋，2003）」60項目

②「職業未決定尺度(下山,1986)」43項目

【予備調査2】
対 象 者：首都圏の国立・私立の3大学の心理系学部および教育系学部の大学生135名のうち，25歳以上の2名を除いた133名（有効率98.5％）を分析の対象とした。男40名，女93名。年齢は18～24歳に分布しており，平均20.4歳（$SD=0.95$）であった。学年は2年が23.3％，3年が59.4％，4年が17.3％であった。

調査時期：2008年4～6月

調査内容：① ADHD 特性　18項目
② 大学生活上の困難　18項目
③「進路決定状態尺度」30項目
④「エリクソン心理社会的段階目録検査 Erikson psychosocial stage inventory（EPSI）日本版」42項目（基本的信頼から親密性まで）
①②③に関しては，予備調査1で整理したものである。

【本調査】
対 象 者：

　関西圏，関東圏，北海道の7つの国立および私立大学に通う文系の大学3年生を対象にした。文系大学生を選んだ理由は，理系大学生に比べて卒業後の選択する職業の幅が広く，職業選択時に一般募集による就職活動をしなければならない状況にあるためである。また，理系学生は，推薦募集による就職活動を行うことが多いために，職業選択のあり方や考え方が異なると考えた。大学3年生を選んだ理由は，本研究が具体的な就職活動を行う前の「進路を決定しようとする意思決定」に焦点をあてているため，多くの学生が具体的な就職活動に入る直前であるこの時期（夏休み前）の学生を対象とした。

回収数は，248名。このうち，25歳を超える学生と社会人学生および回答に不備のあった学生を除外した235名（有効率94.8％）について分析を行った。男性101名，女性133名，不明1名。平均年齢は20.44歳（$SD=0.72$），専攻の内訳は，心理・福祉・教育関係が7割，社会・情報関係が3割であった。なお，大学の偏差値は，40～53（代々木ゼミナール，2008）の間に分布していた。

**調査時期**：2008年7月

　調査時点（2008年7月現在）での就職状況は，リクルートワークス研究所の2008年4月発表の大卒求人倍率調査では，2009年3月予定の大学生・大学院生を対象とする全国民間企業の求人総数は，昨年より1.7％増え，1984年調査開始以来最高水準の求人倍率2.14倍であった。好景気時代（1989）の水準を回復した2005年度より毎年好転してきており，本年度最高水準が記録された。つまり，調査時点では，求人に関しては非常に明るい状態であり，大学3年生は就職先に関して選択の余地を十分もっている状態であった。

**調査内容**：① ADHD特性　18項目
　　　　　　②大学生活上の困難　19項目
　　　　　　③「進路決定状態尺度」30項目
　　　　　　④「EPSI日本版」35項目（基本的信頼から同一性まで5段階）
　　　　　　　①②③に関しては，予備調査2で表現等について検討したもの


**実施手続き**

　いずれの調査も，調査への協力を依頼し協力をえられた教員の担当する授業終了直後に質問紙を配布し，記入後回収した。なお，調査への協力は任意であり，回答を拒否できることや回答を中断できることを書面および口頭で伝えた。

## 第3節　結果と考察

### 第1項　「ADHD特性尺度」の確認

「大学生のためのADHDチェックリスト（篠田・高橋，2003）」より，DSM-Ⅳ-TRの診断項目18項目を用いた。現在の各項目にある行動の生起頻度を，頻繁にある（4点），しばしばある（3点），たまにある（2点），全くない（1点）の4件法で求めた。2度の予備調査により，回答者がわかりにくいと指摘した項目等について，心理学専攻の教員および大学院生と検討し，現在の大学生にわかりやすい表現に修正して使用した。

#### 1．質問項目の検討

各項目の平均値および標準偏差を算出したものがTable 3-1である。

平均値の高い項目は，「細かいところまで注意を払わなかったり不注意な間違いをする（不注意）」，「集中しようと努力しても，簡単に気が散ってしまう（不注意）」，「しゃべりすぎてしまう（多動性）」，「勉強やレポートのような精神的努力の持続を必要とするような活動を避ける。やったとしてもいやいや行う（不注意）」，「課題や活動を順序立てて行うことが難しい（不注意）」など主に不注意の項目であった。

逆に平均値の低い項目は，「講義や集会，勉強中など座っていることを要求される場面で，席を離れるときがある（多動性）」，「日常的に習慣となっているような日々の活動を忘れることがある（不注意）」，「他の人の話や活動などをさえぎったり，邪魔したりする（衝動性）」，「じっとしていない，エンジンで動かされるように行動する（多動性）」，「質問が終わる前に出し抜けに答えてしまう（衝動性）」など多動性・衝動性に関する項目が多かった。これらの項目の中には，「エンジンで動かされるように」のように英語の表現では

Table 3-1 「ADHD 特性」項目の平均値および標準偏差

| | n | mean | SD |
|---|---|---|---|
| 細かいところまで注意を払わなかったり不注意な間違いをする（inattention 1） | 235 | 2.69 | 0.87 |
| 課題または遊びの活動で，注意を持続するのが難しい（inattention 2） | 234 | 2.33 | 0.92 |
| 直接話しかけられたときに，聞いていないようなことがある（inattention 3） | 235 | 2.36 | 0.92 |
| 理解できなかったり反抗的になったりしているわけではないのに，指示に従えず，勉強や用事をやり遂げることができない（inattention 4） | 235 | 2.04 | 0.88 |
| 課題や活動を順序立てて行うことが難しい（inattention 5） | 235 | 2.42 | 0.94 |
| 勉強やレポートのような精神的努力の持続を必要とするような活動を避ける。やったとしてもいやいや行う（inattention 6） | 235 | 2.45 | 0.95 |
| 課題や活動に必要なものをなくす（inattention 7） | 235 | 1.97 | 0.89 |
| 集中しようと努力しても，簡単に気が散ってしまう（inattention 8） | 235 | 2.54 | 0.93 |
| 日常的に習慣となっているような日々の活動を忘れることがある（inattention 9） | 235 | (1.80) | 0.91F |
| 手足をソワソワ動かしたり，席に座ってモジモジしたりすることがある（hyperactivity 1） | 235 | 2.19 | 0.95 |
| 講義や集会，勉強中など座っていることを要求される場面で，席を離れることがある（hyperactivity 2） | 234 | (1.53) | 0.81F |
| じっとしていなければならない状況において，落ち着かないと感じる（hyperactivity 3） | 235 | 2.28 | 1.02 |
| 遊びや余暇活動を静かに行うことは苦手に感じることがある（hyperactivity 4） | 235 | 2.04 | 0.99 |
| じっとしていない，エンジンで動かされるように行動する（hyperactivity 5） | 234 | (1.83) | 0.94F |
| しゃべりすぎてしまう（hyperactivity 6） | 235 | 2.58 | 1.05 |
| 質問が終わる前に出し抜けに答えてしまう（impulsive 1） | 235 | 1.95 | 0.87 |
| 順番を待つのが苦手と感じることがある（impulsive 2） | 235 | 2.11 | 1.02 |
| 他の人の話や活動などをさえぎったり，邪魔したりする（impulsive 3） | 231 | 1.84 | 0.84 |

注）Fはフロア効果：平均$-1SD<1.00$

一般的であるが，日本語に訳すとわかりづらいものもあり，日本語に訳した場合の表現上の問題も推察された。

## 第6章 尺度の作成（研究2）

Table 3-2 「不注意」および「多動性・衝動性」に関する項目の主成分分析の結果

| 不注意　（$\alpha = .83$） | I |
|---|---|
| 集中しようと努力しても，簡単に気が散ってしまう（inattention 8） | .736 |
| 課題または遊びの活動で，注意を持続するのが難しい（inattention 2） | .716 |
| 理解できなかったり反抗的になったりしているわけではないのに，指示に従わず，勉強や用事をやり遂げることができない（inattention 4） | .695 |
| 細かいところまで注意を払わなかったり不注意な間違いをする（inattention 1） | .661 |
| 課題や活動に必要なものをなくす（inattention 7） | .638 |
| 課題や活動を順序立てて行うことが難しい（inattention 5） | .637 |
| 日常的に習慣となっているような日々の活動を忘れることがある（inattention 9） | .628 |
| 直接話しかけられたときに，聞いていないようなことがある（inattention 3） | .616 |
| 勉強やレポートのような精神的努力の持続を必要とするような活動を避ける。やったとしてもいやいや行う（inattention 6） | .570 |
| 寄与率 | 43.16 |

| 多動性・衝動性　（$\alpha = .79$） | I |
|---|---|
| じっとしていなければならない状況において，落ち着かないと感じる（hyperactivity 3） | .736 |
| 順番を待つのが苦手と感じることがある（impulsive 2） | .694 |
| じっとしていない，エンジンで動かされるように行動する（hyperactivity 5） | .638 |
| 遊びや余暇活動を静かに行うことは苦手に感じることがある（hyperactivity 4） | .626 |
| 他の人の話や活動などをさえぎったり，邪魔したりする（impulsive 3） | .618 |
| 質問が終わる前に出し抜けに答えてしまう（impulsive 1） | .592 |
| しゃべりすぎてしまう（hyperactivity 6） | .533 |
| 理解できなかったり反抗的になったりしてるわけではないのに，指示に従えず，勉強や用事をやり遂げることができない（hyperactivity 2） | .527 |
| 手足をソワソワ動かしたり，席に座ってモジモジしたりすることがある（hyperactivity 1） | .524 |
| 寄与率 | 37.67 |

## 2．妥当性および信頼性の検討

　妥当性を検討するために，DSM-Ⅳ-TRの診断項目に従い「不注意」尺度9項目と「多動性・衝動性」尺度9項目の2つの下位尺度に分けて分析を行った（Table 3-2）。

　尺度を構成するいずれの項目も因子負荷量0.5以上であり，尺度としての

寄与率も4割前後と一定程度の妥当性が認められた。

信頼性については下位尺度ごとにCronbachのα係数を算出したところ，「不注意」尺度は.83，「多動性・衝動性」尺度は.79という値が得られ，内的整合性は十分高いといえた。

### 3．尺度得点の算出

下位尺度を構成する項目の評定値の加算平均を算出し，それぞれ「不注意」得点，「多動性・衝動性」得点とした。不注意得点，多動性・衝動性得点ともに，得点の範囲は，1～4点である。点数が高いほどADHD特性が強い。

本調査における「不注意」尺度得点の平均は2.30（$SD=0.60$），「多動性・衝動性」得点の平均は2.03（$SD=0.56$）と「多動性・衝動性」尺度の方がやや得点の低い方に分布していた。性差については，「不注意」得点では差は見られなかったが，「多動性・衝動性」得点は，男性2.12（$SD=0.57$），女性1.96（$SD=0.57$）と男性の方が高かった（$t=2.09^*$）。

## 第2項　「大学生活上の困難尺度」の作成

篠田・高橋（2003）が，国立大学教育学部や看護系大学の学生を中心として開発してきた「大学生のためのADHDチェックリスト」より，大学生活においてADHD特性に起因すると思われる行動上の問題42項目をもとに作成した。各項目の現在の生起頻度を，頻繁にある（4点），しばしばある（3点），たまにある（2点），全くない（1点）の4件法で求めた。

### 1．質問項目の検討

「大学生のためのADHDチェックリスト（篠田・高橋，2003）」の42項目をそのまま採用するには，項目数が多く他の質問紙と併用しにくいこと，作成された2003年以降のADHDに関する新しい示唆を反映していないという問

題があったため，2度の予備調査によって項目の再検討を行った。

　予備調査1では，「大学生のためのADHDチェックリスト（篠田・高橋，2003）」を現在の状態のみ実施し，表現の適切さ，わかりやすさなどを自由回答で求め，表現のわかりにくい項目をピックアップした。

　一方，項目数を減らすために，ADHDのある大学生が大学生活で生起しやすい行動上の問題42項目に関して，2003年度のデータを再分析した。日本語版 Temperament and Character Inventory 短縮版（TCI）（木島他，1996）の「新奇性追求」，Youth Self Report（YSR）日本語版（倉本・上林・中田，1999）の「不安・抑うつ」，「注意の問題」，「攻撃的行動」の相関を求め，42項目のうち，いずれかと中程度以上の相関が確認された14項目を採用した。表現については予備調査1の結果から一部修正を行った。さらに，「成人用エフォートフル・コントロール尺度日本版」（山形他，2005）の中から，"報酬や罰からの注意の切り替え"に関する4項目を加え，計18項目を大学生活で生起しやすい行動上の問題を把握するための項目とした。

　予備調査2では，予備調査1で作成した質問紙を実施した。その結果，「不安（$\alpha = .79$）」「プランニング力（$\alpha = .61$）」「行動抑制の困難（$\alpha = .73$）」と42項目の場合とほぼ同じ3因子が確認された。表現の適切さについては，心理学研究科の教員，大学院生と自由回答を参考に検討し，大学生にとってわかりづらいと思われる表現の一部に修正を加えた。

　本調査による19項目の平均値および標準偏差を算出したものが Table 3-3 である。

　「面倒な課題にはすぐに取り組まない」，「ものをどこに置いたか忘れてしまったり，わからなくなったりすることがある」など，行動始発の困難や不注意もしくはワーキングメモリの弱さなどのADHDの基本特性に直結する項目や「際限なく心配してしまう」，「力を出し切れていない，目標に達していないと感じる」，「切迫した気持ちや不安感をもつことがある」など，不安感や不全感に関する項目の平均値が高かった。

## Table 3-3 「大学生活上の困難」項目の平均値および標準偏差

| | n | mean | SD |
|---|---|---|---|
| 面倒な課題は,すぐに取り組まないことがある | 235 | 2.96 | 0.91 |
| 力が出し切れていない,目標に達していないと感じる | 235 | 2.94 | 0.84 |
| 何か悲しかったり不安になっているとき,課題に集中するのはとても苦労する | 235 | 2.89 | 0.89 |
| 際限なく心配する傾向がある | 234 | 2.88 | 1.00 |
| 物をどこに置いたか忘れてしまったり,わからなくなったりすることがある | 234 | 2.78 | 0.96 |
| 切迫した気持ちや不安感を持つことがある | 235 | 2.76 | 1.02 |
| 最初に始めたことをやり終える前に,違うことをやり始めてしまう | 234 | 2.54 | 0.87 |
| やる必要のあることを思いついたら,すぐにやられずにはいられない | 235 | 2.51 | 0.99 |
| 計画は立てるものの最後までやり遂げられない | 235 | 2.43 | 0.89 |
| 思ったことを何でも口にしてしまうので,あとで「しまった」と思うことがある | 235 | 2.43 | 0.97 |
| やりたくないことを途中で投げ出すことがある | 235 | 2.35 | 0.89 |
| クセになっているよくない行動パターンをやめようと努力するがやめられない | 233 | 2.33 | 0.98 |
| 指示や命令を取り違えることがある。 | 235 | 2.31 | 0.91 |
| 約束や授業に遅刻する | 235 | 2.31 | 0.89 |
| 締め切りに間に合わせるのが苦手と感じることがある | 234 | 2.27 | 1.05 |
| 中断させられたり注意をそらさせたりした時,それまで自分がやっていたことに注意を向け直すのが難しい | 233 | 2.11 | 0.90 |
| 自分で守ろうと思っている秘密を,ついもらしてしまうことがある | 235 | 2.00 | 0.95F |
| 人の話を最後まで聞かないために,トラブルになることがある | 235 | 1.73 | 0.84F |

注) Fはフロア効果:平均−1SD<1.00

一方,「自分で守ろうと思っている秘密を,ついもらしてしまうことがある」,「人の話を最後まで聞かないために,トラブルになることがある」など,対人関係における抑制の問題に関する項目の平均値が低かった。

## 2.妥当性および信頼性の検討

妥当性の検討を行うため,予備調査2および本調査について因子分析を行った結果,同様の3因子が確認された。以下に,本調査の結果を示す。

固有値の推移ならびに解釈可能性を検討したところ,第1因子と第2因子

の間のギャップが非常に大きく1因子で全体の分散の32.2%を説明しており基本的には1因子構造と考えられた。この結果は，スクリーニングテストとしては妥当である。しかしながら，今回は支援につながる要因を明らかにするために，次にギャップのある3因子（説明率47.9%）を採用した。いずれの因子の負荷量も小さい，また複数の因子の負荷量の高い項目を除いた14項目で再度因子分析を行った結果，3因子で全体の分散の49.6%を説明できることから，3因子を抽出しプロマックス回転を行った（Table 3-4）。

第1因子は，計画を立て遂行することの困難さ，行動へのとりかかりや継続して遂行することの苦手さなど6項目からなり「プランニングの弱さ」と命名した。第2因子は，切迫した気落ちや不安感を持つことがある，際限なく心配する傾向がある，力を出し切れていない，目標に達していないと感じるなど漠然とした不安感や不全感を表す4項目からなり「不安」と命名した。第3因子は，思ったことを何でも口にしてしまう，人の話を最後まで聞かない，秘密を漏らすなど4項目からなり，「行動抑止の困難」と命名した。「プランニングの弱さ」と「行動抑止の困難」はスキルの拙さによる失敗を，「不安」は心的不適応感を表すものと考えられた。すべての項目の因子負荷量は0.35以上であり，構成概念妥当性が確認された。さらに，基準関連妥当性を検証するために，得られた3尺度がADHD特性を反映しているか確認するために，ADHD特性とのPearsonの積率相関係数を求めた結果がTable 3-5である。

すべての尺度間に中程度以上の相関が確認され，大学生活上の困難はADHD特性を反映した問題であることが検証された。

## 3．尺度得点の算出

下位尺度を構成する項目の評定値の加算平均を算出し，それぞれ「プランニングの弱さ」，「行動抑止の困難」，「不安」得点とした。各得点ともに，得点の範囲は，1～4点である。点数が高いほど，困難に感じている。

### Table 3-4 「大学生活上の困難」に関する因子分析の結果
（主因子法，プロマックス回転：n=228：篠田・沢崎・篠田，2016）

| 項目 | F1 | F2 | F3 |
| --- | --- | --- | --- |
| 「プランニングの弱さ」（$a$ = .76) | | | |
| 　計画は立てるものの最後までやり遂げられない | .64 | .10 | -.15 |
| 　面倒な課題は，すぐに取り組まないことがある | .60 | .00 | -.07 |
| 　締め切りに間に合わせるのが苦手と感じることがある | .56 | .05 | .04 |
| 　やりたくないことを途中で投げ出すことがある | .56 | -.01 | .15 |
| 　最初に始めたことをやり終える前に，違うことをやり始めてしまう | .50 | -.06 | .14 |
| 　クセになっているよくない行動パターンをやめようと努力するがやめられない | .37 | .20 | .11 |
| 「不安」（$a$ = .71) | | | |
| 　何か悲しかったり不安になっているとき，課題に集中するのはとても苦労する | .00 | .66 | .07 |
| 　切迫した気持ちや不安感を持つことがある | .01 | .63 | .00 |
| 　際限なく心配する傾向がある | .02 | .59 | .02 |
| 　力が出し切れていない，目標に達していないと感じる | .35 | .40 | -.19 |
| 「行動抑止の困難」（$a$ = .75) | | | |
| 　思ったことを何でも口にしてしまうので，あとで「しまった」と思うことがある | .17 | -.19 | .70 |
| 　人の話を最後まで聞かないために，トラブルになることがある | .08 | .04 | .59 |
| 　自分で守ろうと思っている秘密を，ついもらしてしまうことがある | .27 | -.02 | .43 |
| 　中断させらりたり注意をそらさせたりした時，それまで自分がやっていたことに注意を向け直すのが難しい | .25 | .20 | .38 |
| 因子間相関 | I | II | III |
| I | — | .54 | .55 |
| II | | — | .45 |

　本調査における「プランニングの弱さ」の平均は2.49（$SD$=0.62），「行動抑止の困難」の平均は2.06（$SD$=0.69），「不安」の平均は2.87（$SD$=0.66）と「不安」が高く，「行動抑止の困難」が低かった。また，性差は「行動抑止の困難」のみ見られ，男性（$M$=2.20, $SD$=0.71），女性（M=1.96（$SD$=0.66)と男性の方が高かった（$t$=2.62**）。

　なお，「ADHD特性尺度」と「大学生活上の困難尺度」は，1つの質問紙

第6章　尺度の作成（研究2）

Table 3-5　ADHD 特性と大学生活上の困難の相関係数

| | | 大学生活上の困難 | | |
|---|---|---|---|---|
| | | スキルの拙さ | | 心的不適応感 |
| | | プランニングの弱さ | 行動抑止の困難 | 不安 |
| ADHD<br>特性 | 不注意 | .78*** | .68*** | .53*** |
| | 多動性・衝動性 | .58*** | .70*** | .42*** |

*** $p < .001$

であり「大学生版 ADHD 特性尺度」の下位尺度である。

## 第3項　心理社会的発達課題の達成感

心理社会的発達課題の達成感の尺度として，EPSI 日本版（中西・佐方，2002）の基本的信頼，自律性，自主性，勤勉性，同一性の5段階，各7項目計35項目を用いた。回答肢は，「あてはまる」（5点）から「あてはまらない」（1点）の5件法で求めた。

### 1．質問項目の検討

EPSI 日本版35項目の平均値および標準偏差を算出したものが Table 3-6 である。

『基本的信頼』では，「私にもっと自分をコントロールする力があればと思う（逆転）」が非常に低かった。『自律性』は，「この世の中でうまくやっていこうと思わない（逆転）」が高く，どうにかうまくやっていきたいという気持ちが強いようであるが，「優柔不断」，「決断力が弱い」，「判断に自信がない」など決定や判断の力に対する自信のなさに関する項目の平均値が高かった。『自主性』は全体に低く，特に「リーダーよりも従っていく方」と答える者が多かった。『勤勉性』は，「一生懸命に仕事や勉強をする」，「頑張っている」など自分なりの頑張りに関する項目の平均値が高い一方で「人の役

Table 3-6 「心理社会的発達課題の達成感」項目の平均値および標準偏差

| 基本的信頼 | n | mean | SD |
|---|---|---|---|
| 私に,もっと自分をコントロールする力があればと思う (R) | 235 | 2.08 | 1.08 |
| 周りの人々は,私のことをよく理解してくれている | 235 | 3.18 | 0.99 |
| 良いことは決して長続きしないと,私は思う (R) | 235 | 2.86 | 1.16 |
| 私は,世間の人たちを信頼している | 234 | 3.07 | 1.08 |
| 私には,何事も最悪の事態になるような気がしてくる (R) | 235 | 3.11 | 1.26 |
| 周りの人たちは,私を理解していない (R) | 234 | 3.25 | 1.03 |
| 世の中は,いつも自分にとってよい方向に向かっている | 235 | 2.62 | 1.00 |
| **自立性** | n | mean | SD |
| 私は,何事にも優柔不断である (R) | 235 | 2.32 | 1.13 |
| 私は,決断する力が弱い (R) | 234 | 2.55 | 1.20 |
| 私は,自分の判断に自信がない (R) | 235 | 2.57 | 1.19 |
| 私は,物事をありのままに受け入れることができる | 235 | 3.31 | 0.94 |
| 私は,自分で選んだり決めたりするのが好きである | 235 | 3.29 | 1.10 |
| 私は,自分という存在を恥ずかしく思っている (R) | 234 | 3.11 | 1.15 |
| 私は,この世の中でうまくやっていこうなどとは決して思わない (R) | 235 | 3.50 | 1.05 |
| **自主性** | n | mean | SD |
| 私は,してはいけないことに対して,自分でコントロールできる | 235 | 3.65 | 0.97 |
| 私には,みんなが持っている能力が欠けているようである (R) | 235 | 2.39 | 1.07 |
| 私は,リーダーというよりも,むしろ後に従っていく方の人間である (R) | 235 | 2.40 | 1.13 |
| たとえ本当のことであっても,私は否定してしまうかのしれない (R) | 235 | 2.71 | 1.01 |
| 私は,誰か他の人がアイデアを出してくれることを当てにしている (R) | 234 | 2.81 | 1.15 |
| 私は,いろんなことに対して罪悪感を持っている (R) | 235 | 2.97 | 1.20 |
| 私は,多くのことをこなせる精力的な人間である | 235 | 3.34 | 1.09 |
| **勤勉性** | n | mean | SD |
| 私は,のらりくらりしながら多くの時間を無駄にしている (R) | 235 | 2.59 | 1.06 |
| 私は,目的を達成しようと頑張っている | 235 | 3.18 | 1.23 |
| 私は,一生懸命に仕事や勉強をする | 233 | 3.11 | 1.21 |
| 私は,頭を使ったり,技術のいる事柄はあまり得意ではない (R) | 235 | 2.95 | 1.21 |
| 私は,自分の仕事をうまくこなすことができる | 235 | 2.87 | 1.08 |
| 私は,物事を完成させるのは苦手である (R) | 233 | 3.18 | 1.10 |
| 私は,自分が役に立つ人間であると思う | 235 | 2.60 | 1.10 |
| **同一性** | n | mean | SD |
| 私は,自分がどんな人間であるのかをよく知っている | 235 | 3.41 | 1.06 |
| 私は,自分が混乱しているように感じている (R) | 235 | 2.82 | 1.23 |
| 私は,自分が何になりたいのかをはっきりと考えている | 233 | 3.11 | 1.21 |
| 私は,充実感がない (R) | 235 | 2.95 | 1.21 |
| 私は,自分のしていることを本当はわかっていない (R) | 235 | 3.13 | 1.08 |
| 私は,自分が好きだし,自分に誇りをもっている | 233 | 2.82 | 1.10 |
| 私は,自分の人生をどのように生きたいかを自分で決められない (R) | 235 | 3.40 | 1.10 |

Rは逆転項目。表中では,Rの得点を逆転させて表示した。

に立っている」が低く「頭や技術のいることは得意ではない」が高く，自信のなさがうかがえた。そして，「のらりくらりと時間を無駄にしている」も高かった。『同一性』は全体的に平均的であるが「自分がどんな人間であるか知っている」，「人生をどのように生きたいか決められる」など自分自身の理解に関する項目の平均値が高かった。

「平均値±標準偏差」を基準とした天井効果・フロア効果のある項目を検討した結果，いずれも見られなかった。よって，35項目全てを分析の対象とした。

## ２．妥当性および信頼性の検討

EPSI 日本版の発達段階ごとに主成分分析を行った（Table 3-7）。

因子負荷量が.10に満たない項目を削除して再度因子分析を行った結果，「基本的信頼」は 6 項目で説明率42.8％，「自律性」は 7 項目で説明率42.2％，「自主性」は 7 項目で説明率31.1％，「勤勉性」は 7 項目で説明率41.3％，「同一性」は 7 項目で説明率39.1％であった。また，下位尺度ごとの Cronbach の α 係数は「基本的信頼(.73)」，「自律性(.76)」，「自主性(.62)」，「勤勉性(.76)」，「同一性(.73)」であり，内的整合性は高いといえた。

## ３．尺度得点の算出

下位尺度を構成する項目の評定値の加算平均を算出し，それぞれ「基本的信頼」，「自律性」，「自主性」，「勤勉性」，「同一性」得点とした。各得点ともに，得点の範囲は，１～５点である。

本調査における各得点の平均は「基本的信頼」が3.01（$SD=0.71$），「自律性」が2.95（$SD=0.71$），「自主性」が2.79（$SD=0.60$），「勤勉性」が3.00（$SD=0.66$），「同一性」が3.10（$SD=0.71$）と「自主性」が低かった。なお，いずれも性差は見られなかった。

Table 3-7 主成分分析の結果：心理社会的発達課題の達成感

| 基本的信頼　（α = .73） | 因子負荷量 |
|---|---|
| 周りの人々は，私のことをよく理解してくれている | 0.747 |
| 周りの人たちは，私を理解していない（R） | 0.743 |
| 私には，何事も最悪の事態になるような気がしてくる（R） | 0.626 |
| 良いことは決して長続きしないと，私は思う（R） | 0.623 |
| 私は，世間の人たちを信頼している | 0.618 |
| 世の中は，いつも自分にとってよい方向に向かっている | 0.546 |
| 寄与率 | 42.833 |

| 自　律　性　（α = .76） | 因子負荷量 |
|---|---|
| 私は，自分の判断に自信がない（R） | 0.834 |
| 私は，決断する力が弱い（R） | 0.805 |
| 私は，何事にも優柔不断である（R） | 0.740 |
| 私は，自分で選んだり決めたりするのが好きである | 0.679 |
| 私は，自分という存在を恥ずかしく思っている（R） | 0.594 |
| 私は，この世の中でうまくやっていこうなどとは決して思わない（R） | 0.390 |
| 私は，物事をありのままに受け入れることができる | 0.310 |
| 寄与率 | 42.188 |

| 自　主　性　（α = .62） | 因子負荷量 |
|---|---|
| 私は，多くのことをこなせる精力的な人間である | 0.555 |
| 私は，してはいけないことに対して，自分でコントロールできる | 0.318 |
| 私には，みんなが持っている能力が欠けているようである（R） | 0.764 |
| 私は，誰か他の人がアイデアを出してくれることを当てにしている（R） | 0.618 |
| たとえ本当のことであっても，私は否定してしまうかのしれない（R） | 0.465 |
| 私は，リーダーというよりも，むしろ後に従っていく方の人間である（R） | 0.562 |
| 私は，いろんなことに対して罪悪感を持っている（R） | 0.522 |
| 寄与率 | 31.112 |

| 勤　勉　性　（α = .76） | 因子負荷量 |
|---|---|
| 私は，自分が役に立つ人間であると思う | 0.696 |
| 私は，自分の仕事をうまくこなすことができる | 0.685 |
| 私は，物事を完成させるのは苦手である（R） | 0.670 |
| 私は，目的を達成しようと頑張っている | 0.666 |
| 私は，一生懸命に仕事や勉強をする | 0.629 |
| 私は，頭を使ったり，技術のいる事柄はあまり得意ではない（R） | 0.573 |
| 私は，のらりくらりしながら多くの時間を無駄にしている（R） | 0.564 |
| 寄与率 | 41.290 |

| 同　一　性　（α = .73） | 因子負荷量 |
|---|---|
| 私は，自分のしていることを本当はわかっていない（R） | 0.760 |
| 私は，自分の人生をどのように生きたいかを自分で決められない（R） | 0.691 |
| 私は，充実感がない（R） | 0.629 |
| 私は，自分がどんな人間であるのかをよく知っている | 0.616 |
| 私は，自分が何になりたいのかをはっきりと考えている | 0.616 |
| 私は，自分が好きだし，自分に誇りをもっている | 0.591 |
| 私は，自分が混乱しているように感じている（R） | 0.423 |
| 寄与率 | 39.092 |

## 第4項 「進路決定状況尺度」の作成

　進路決定状況を測定する尺度として代表的な尺度である「職業未決定尺度（下山, 1986)」を予備調査1で実施したが，因子の再現が確認できなかった。これは，作成当時と学生の質や社会の状態が異なっているためと考えられた。そこで，項目内容を検討し新たな進路決定状況尺度を作成した。

### 1．項目の再検討

　進路決定状況尺度は，大学生版 ADHD 特性尺度と同様の予備調査を実施し作成した。

　予備調査1は，職業未決定尺度（下山, 1986）を実施した。職業未決定尺度は日本の大学生を対象に，職業未決定状態にある大学生へのその後の援助の糸口となるような実践的側面を重視し作成されたものである。「未熟（7項目）」「混乱（8項目）」「猶予（7項目）」「模索（6項目）」「安直（7項目）」「決定（4項目）」の39項目から構成されており，「あてはまる」「どちらともいえない」「あてはまらない」の3件法で回答を求めた。下山（1986）と同じ手順で1986年の結果と比較したところ，因子の再現性が確認できなかった。そこで，39項目について因子分析（主因子法, オブリミン回転）を行い，共通性が著しく低い項目または，二重負荷の項目13項目を削除した。さらに，フリーターを選択する青年が一定数存在する社会状況であることを考慮し，職業意識に関する尺度（下村, 2002）から「フリーター共感」4項目を加えた30項目について，「あてはまる」から「あてはまらない」の5件法で回答を求める質問紙を作成した。すべての項目の表現，適切性については，心理学専攻の教員2名および大学院生2名の検討を受け，妥当とされた。

　予備調査2では，予備調査1で作成した質問紙を実施した。30項目について因子分析（主因子法, プロマックス回転）を行い，共通性が著しく低い項目または，二重負荷の項目4項目を削除した。解釈可能性から，26項目3因子

構造を採用し,「回避」(8項目, α = .82),「模索」(7項目, α = .70),「職業決定不安」(11項目, α = .84) の3因子が確認された。対象者から一部の表現がわかりにくいという指摘があったため,心理学専攻の教員および大学生の検討を受け修正した。

本調査による30項目の平均値および標準偏差を算出したものがTable 3-8である。

平均値の高い項目は,「望む職業につけないのではと不安になる」,「職業決定のことを考えると,とても焦りを感じる」,「将来の職業のことを考えると憂うつになる」など職業決定に直面して起きる漠然とした不安や焦りであった。特に,希望する職に就けないかもしれないという不安は多くの学生が感じていた。逆に平均値の低い項目は,「せっかく大学に入ったのだから,今の職業のことは考えたくない」,「自分の将来の職業について真剣に考えたことがない」,「自分にとって職業に就くことは,それほど重要なことではない」などで,調査時点(大学3年生の7月時点)では,ほとんどの学生が卒業後の就職について真剣に考えなければならないと感じているようであった。

平均値±標準偏差を基準とした天井効果・フロア効果のある項目を検討した結果,「望む職業に就けないのではないかと不安になる」,「職業決定のことを考えると,とても焦りを感じる」に「平均値＋標準偏差」が5点を超える天井効果がみられた。また,「自分の将来の職業について真剣に考えたことがない」,「自分にとって職業に就くことは,それほど重要なことではない」,「せっかく大学に入ったのだから,今は職業のことは考えたくない」,「やりたい仕事なら正社員,フリーターにこだわらない」に「平均値－標準偏差」が1点を下回るフロア効果がみられた。

## 2. 妥当性および信頼性の検討

進路決定状況26項目について因子分析(主因子法・オブリミン回転)を行った。予備調査の結果から当初3因子を想定していたが,固有値の減衰状況

Table 3-8 「進路決定状況」項目の平均値および標準偏差

| | n | mean | SD |
|---|---|---|---|
| 望む職業につけないのではと不安になる | 233 | 4.06 | 1.16C |
| 職業決定のことを考えると，とても焦りを感じる | 234 | 3.95 | 1.06C |
| 将来の職業のことを考えると憂うつになる | 235 | 3.52 | 1.32 |
| 将来，やってみたい職業がいくつかあり，それらについていろいろ考えている | 234 | 3.48 | 1.23 |
| 私は，あらゆるものになれるような気持ちになる時と，何にもなれないのではないかという気持ちになる時がある | 234 | 3.36 | 1.24 |
| 職業を最終的に決定するのはまだ先のことであり，今はいろいろなことを経験してみる時期だと思う | 233 | 3.30 | 1.06 |
| 職業は決まっていないが，今の関心を深めていけば職業につながってくると思う | 232 | 3.25 | 1.25 |
| 自分の将来の職業については，何を基準にして考えてよいのかわからない | 235 | 3.23 | 1.39 |
| 若いうちは仕事よりも自分のやりたいことを優先したい | 234 | 3.18 | 1.18 |
| これだと思う職業が見つかるまで，じっくり探していくつもりだ | 234 | 3.15 | 1.16 |
| 将来の職業については幾つかの職種に絞られてきたが，最終的にひとつに決められない | 234 | 3.11 | 1.31 |
| ひとつの仕事にとどまらずいろいろ経験したい | 234 | 3.08 | 1.26 |
| できることなら，職業など持たず，いつまでも好きなことをしていたい | 232 | 3.06 | 1.53 |
| 自分の職業については，いろいろ計画をたてるが，一貫性がなく，次々に変化していく | 234 | 3.01 | 1.23 |
| 自分のやりたい職業は決まっており，今はそれを実現していく段階である | 235 | 2.94 | 1.31 |
| 今の状態では，自分の一生の仕事などみつかりそうもない | 235 | 2.91 | 1.31 |
| できるだけ有名なところに就職したいと思っている | 235 | 2.67 | 1.28 |
| 自分の職業計画は，着実に進んでいると思う | 235 | 2.62 | 1.30 |
| できることなら職業決定は，先に延ばし続けておきたい | 230 | 2.60 | 1.40 |
| 生活が安定するなら，職業の種類はどのようなものでもよい | 235 | 2.57 | 1.27 |
| 学歴や"コネ"を利用してよいと職業につきたい | 234 | 2.57 | 1.28 |
| 職業のことは，もう少し後で考えるつもりだ | 234 | 2.54 | 1.26 |
| 自分なりに考えた結果，最終的にひとつの職業を選んだ | 234 | 2.49 | 1.23 |
| できることなら誰か他の人に自分の職業を決めてもらいたいと思うことがある | 232 | 2.46 | 1.40 |
| 自分を採用してくれる所なら，どのようなと職業でもよいと思っている | 235 | 2.40 | 1.12 |
| やりたい仕事なら正社員，フリーターにこだわらない | 234 | 2.26 | 1.35F |
| 将来の職業については，考える意欲が全くわかない | 235 | 2.23 | 1.21 |
| せっかく大学に入ったのだから，今の職業のことは考えたくない | 235 | 1.95 | 1.10F |
| 自分の将来の職業について真剣に考えたことがない | 233 | 1.88 | 1.12F |
| 自分にとって職業に就くことは，それほど重要なことではない | 235 | 1.83 | 0.99F |

注）Cは天井効果：平均+1SD>1.00；Fはフロア効果：平均－1SD<1.00

(4.85, 2.88, 2.16, 1.58, 1.09, 0.90…)，および解釈可能性から4因子構造が妥当であると考えられた。共通性が著しく低い項目または，二重負荷の項目4項目を分析から除外して再度因子分析を行った結果がTable 3-9である。なお，回転前の4因子で22項目の全分散を説明する割合は42.01％であった。

　第1因子は，「自分の将来の職業について真剣に考えたことがない」，「職業のことは，もう少し後で考えるつもりだ」，「自分にとって職業につくことは，それほど重要なことではない」，「将来の職業については，考える意欲が全くわかない」など7項目からなり，進路決定について考える意思のない状態と考えられ「回避」と命名した。

　第2因子は，「これだと思う職業が見つかるまで，じっくり探していくつもりだ」，「将来，やってみたい職業がいくつかあり，それらについていろいろ考えている」，「職業は決まっていないが，今の関心を深めていけば職業につながってくると思う」など8項目からなり，実際に行動しているが最終決定できていない状態と考えられ「模索」と命名した。

　第3因子は，「職業決定のことを考えると，とても焦りを感じる」，「望む職業につけないのではと不安になる」，「将来の職業のことを考えると憂うつになる」など3項目からなり，決定しようとする意思はあるが不安で決定できず，行動に到らない状態と考えられ「焦燥」と命名した。

　第4因子は，「自分なりに考えた結果，最終的にひとつの職業を選んだ」，「自分のやりたい職業は決まっており，今はそれを実現していく段階である」，「自分の職業計画は，着実に進んでいると思う」など4項目からなり，現段階での最終決定を行い，行動に移している状態と考えられ「決定」と命名した。

　尺度の妥当性を確認するために，得られた4尺度と心理社会的発達課題の達成感とのPearsonの積率相関係数を求めた結果がTable 3-10である。進路未決定の状態である「回避」，「焦燥」の間には負の，「決定」との間には正の相関が確認された。特に，職業決定と関連の深い「同一性」とは，「模

### Table 3-9 「進路決定状況」に関する因子分析の結果
（主因子法・オブリミン回転：N=211：篠田・沢崎,2015）

| 項　目 | F1 | F2 | F3 | F4 |
|---|---|---|---|---|
| 「回　避」（α = .78） | | | | |
| 自分の将来の職業について真剣に考えたことがない | .71 | -.23 | .06 | -.24 |
| 職業のことは，もう少し後で考えるつもりだ | .61 | .18 | .11 | -.20 |
| 自分にとって職業に就くことは，それほど重要なことではない | .61 | .04 | .22 | .13 |
| 将来の職業については，考える意欲が全くわかない | .59 | -.02 | -.22 | -.18 |
| せっかく大学に入ったのだから，今の職業のことは考えたくない | .58 | .13 | -.08 | .03 |
| 自分を採用してくれる所なら，どのようなと職業でもよいと思っている | .44 | -.10 | -.08 | -.14 |
| できることなら職業決定は，先に延ばし続けておきたい | .43 | .11 | -.33 | .12 |
| 「模　索」（α = .72） | | | | |
| これだと思う職業が見つかるまで，じっくり探しいくつもりだ | .10 | .65 | .18 | -.25 |
| 将来，やってみたい職業がいくつかあり，それらについていろいろ考えている | -.26 | .60 | -.03 | .20 |
| 職業は決まっていないが，今の関心を深めていけば職業につながってくると思う | .05 | .55 | .10 | -.03 |
| 職業を最終的に決定するのはまだ先のことであり，今はいろいろなことを経験してみる時期だと思う | .10 | .48 | -.07 | .00 |
| ひとつの仕事にとどまらずいろいろ経験したい | .09 | .46 | -.09 | .22 |
| 若いうちは仕事よりも自分のやりたいことを優先したい | .33 | .45 | -.17 | .22 |
| 将来の職業については幾つかの職種に絞られてきたが，最終的にひとつに決められない | -.17 | .43 | -.04 | -.30 |
| 私は，あらゆるものになれるような気持ちになる時と，何にもなれないのではないかという気持ちになる時がある | -.04 | .38 | -.15 | -.05 |
| 「焦　燥」（α = .74） | | | | |
| 職業決定のことを考えると，とても焦りを感じる | -.13 | .05 | -.76 | -.17 |
| 望む職業につけないのではと不安になる | -.12 | .04 | -.68 | .06 |
| 将来の職業のことを考えると憂うつになる | .20 | -.04 | -.65 | -.09 |
| 「決　定」（α = .76） | | | | |
| 自分なりに考えた結果，最終的にひとつの職業を選んだ | -.03 | -.09 | -.01 | .65 |
| 自分のやりたい職業は決まっており，今はそれを実現していく段階である | -.22 | .10 | .10 | .64 |
| 自分の職業計画は，着実に進んでいると思う | -.13 | -.06 | .28 | .51 |
| 自分の将来の職業については，何を基準にして考えてよいのかわからない | .26 | -.05 | -.33 | -.40 |

| 因子間相関 | Ⅰ | Ⅱ | Ⅲ | Ⅳ |
|---|---|---|---|---|
| Ⅰ | | .09 | -.17 | -.22 |
| Ⅱ | | | -.19 | .01 |
| Ⅲ | | | | .19 |

Table 3-10　進路決定状況と心理社会的発達課題の達成感の Pearson の積率相関係数

| | | | 心理社会的発達課題の達成感 | | | | |
|---|---|---|---|---|---|---|---|
| | | n | 基本的信頼 | 自立性 | 自主性 | 勤勉性 | 同一性 |
| 進路決定状況 | 回避 | 209 | −.31*** | −.27*** | −.27*** | −.39*** | −.40*** |
| | 焦燥 | 208 | −.30*** | −.37*** | −.46*** | −.42*** | −.43*** |
| | 模索 | 203 | −.11 | −.09 | −.10 | .04 | −.09 |
| | 決定 | 211 | .21*** | .32*** | .28*** | .47*** | .53*** |

***p＜.001

索」を除いて，中程度の相関が見られたことからも，基準関連妥当性が検証された。

　また，下位尺度ごとに Cronbach の α 係数を算出した結果，「回避」α = .78,「模索」α = .72,「焦燥」α = .74,「決定」α = .76という値が得られ，一定の内的整合性が確認された。

　進路決定状況尺度に関しては，予備調査2と本調査で，因子が安定しなかった理由は2つあると考えられる。ひとつは時代性の問題，もうひとつは対象者の問題である。まず，職業未決定尺度（下山，1986）の作成された時期は，バブルの崩壊する直前であったのに対し，本調査を行った2008年は，就職氷河期後で採用基準は緩和されたものの厳選採用の傾向にあり内定格差が表面化した時代である。よって，学生の意識も異なって当然といえよう。

　職業未決定尺度（下山，1986）の因子が再現されないことは広瀬（2011）も報告している。また，2回目の予備調査で新たに「焦燥」因子があらわれたのは，1回目の対象者が大学1，2年生中心であったのに対し，2回目の対象者が3年生であったためだと考えられる。3年生の7月は，12月の就活解禁にむけて，さまざまな情報に触れる時期であることも背景にあると考えられた。

## 3．尺度得点の算出

下位尺度を構成する項目の評定値の加算平均を算出し，それぞれ「回避」，「焦燥」，「模索」「決定」得点とした。各得点ともに，得点の範囲は，1～5点である。

本調査における各得点の平均は「回避」が2.23（$SD=0.78$），「焦燥」が3.78（$SD=0.96$），「模索」が3.25（$SD=0.70$），「決定」が2.69（$SD=1.00$）と「焦燥」と「模索」が高かった。なお，いずれの尺度も性差は見られなかった。

## 第5項　本研究で使用する尺度のまとめ

### 1．項目数，範囲，平均，標準偏差，α係数

本研究のモデルの検証では，すべての尺度に不備のない211名を対象に分析した。Table 3-11 に，各尺度の項目数，範囲，平均，標準偏差，Cronbach のα係数を示した。

平均値の高い尺度としては，大学生活上の困難の「不安」，進路決定状況の「焦燥」などがあげられた。平均値の低い尺度としては，ADHD 特性の「多動性・衝動性」，大学生活上の困難の「行動抑止の困難」，進路決定状況の「回避」などが上げられた。

本研究の分析対象とした2008年7月時の大学3年生の状態は，所属する研究室やゼミが決定し，卒論の作成を現実として突きつけられるとともに，就職活動では，インターンシップの開始や公務員試験や大学院受験のための講座が提供される時期である。多くの学生は，卒業や進学に向けて，進路決定を「回避」できず「焦燥」，「不安」が高まってくる時期と一致する結果といえよう。

### 2．性差

次に，各尺度について，性差の有無を確認した（Table 3-12）。

Table 3-11 本研究で使用する尺度の項目数,範囲,平均,標準偏差,α係数

| | 項目数 | 範囲 | 2008 (n=211) | | |
| --- | --- | --- | --- | --- | --- |
| | | | 平均 | SD | α |
| ADHD特性(DSM-Ⅳ-TRの診断基準) | | | | | |
| 　不注意 | 9 | 1〜4 | 2.30 | 0.60 | .84 |
| 　多動性・衝動性 | 9 | 1〜4 | 2.03 | 0.56 | .79 |
| 大学生活上の困難 | | | | | |
| 　スキルの拙さ | | | | | |
| 　　プランニングの弱さ | 6 | 1〜4 | 2.49 | 0.62 | .76 |
| 　　行動抑止の困難 | 4 | 1〜4 | 2.06 | 0.69 | .75 |
| 　心的不適応感 | | | | | |
| 　　不安 | 4 | 1〜4 | 2.87 | 0.66 | .71 |
| 心理社会的発達課題の達成感 | | | | | |
| 　基本的信頼 | 6 | 1〜5 | 3.01 | 0.71 | .73 |
| 　自律性 | 7 | 1〜5 | 2.95 | 0.71 | .76 |
| 　自主性 | 7 | 1〜5 | 2.79 | 0.60 | .62 |
| 　勤勉性 | 7 | 1〜5 | 3.00 | 0.66 | .75 |
| 　同一性 | 7 | 1〜5 | 3.10 | 0.71 | .73 |
| 進路決定状況 | | | | | |
| 　回避 | 7 | 1〜5 | 2.23 | 0.78 | .73 |
| 　焦燥 | 3 | 1〜5 | 3.87 | 0.96 | .74 |
| 　模索 | 8 | 1〜5 | 3.25 | 0.70 | .72 |
| 　決定 | 4 | 1〜5 | 2.69 | 1.00 | .76 |

　性差は,ADHD特性の「多動性・衝動性」,大学生活上の困難の「行動抑止の困難」進路決定状況の「焦燥」においてのみ確認され,前2つは男性が女性よりも焦燥は女性が男性よりも高かった。

Table 3-12 各尺度の平均（性差）

| | | | N | M | SD | t | p |
|---|---|---|---|---|---|---|---|
| ADHD特性 | 不注意 | 男 | 90 | 2.37 | 0.59 | 1.48 | n.s. |
| | | 女 | 121 | 2.25 | 0.60 | | |
| | 多動性・衝動性 | 男 | 90 | 2.12 | 0.54 | 1.97† | |
| | | 女 | 121 | 1.96 | 0.57 | | |
| 大学生活上の困難 | プランニングの弱さ | 男 | 90 | 2.53 | 0.61 | 0.75 | n.s. |
| | | 女 | 121 | 2.46 | 0.63 | | |
| | 行動抑止の困難 | 男 | 90 | 2.21 | 0.72 | 2.75** | |
| | | 女 | 121 | 1.95 | 0.66 | | |
| | 不安 | 男 | 90 | 2.85 | 0.67 | -0.49 | n.s. |
| | | 女 | 121 | 2.89 | 0.66 | | |
| 心理社会的発達課題の達成感 | 基本的信頼 | 男 | 90 | 3.05 | 0.76 | 0.58 | n.s. |
| | | 女 | 121 | 3.00 | 0.67 | | |
| | 自律性 | 男 | 90 | 3.01 | 0.80 | 1.03 | n.s. |
| | | 女 | 121 | 2.91 | 0.65 | | |
| | 自主性 | 男 | 90 | 2.88 | 0.64 | 1.59 | n.s. |
| | | 女 | 121 | 2.75 | 0.57 | | |
| | 勤勉性 | 男 | 90 | 3.03 | 0.72 | 0.63 | n.s. |
| | | 女 | 121 | 2.97 | 0.64 | | |
| | 同一性 | 男 | 90 | 3.16 | 0.74 | 1.01 | n.s. |
| | | 女 | 121 | 3.06 | 0.69 | | |
| 進路決定状況 | 回避 | 男 | 89 | 2.28 | 0.74 | 1.62 | n.s. |
| | | 女 | 119 | 2.11 | 0.75 | | |
| | 焦燥 | 男 | 90 | 3.70 | 0.93 | -2.27* | |
| | | 女 | 118 | 4.00 | 0.92 | | |
| | 模索 | 男 | 89 | 3.26 | 0.74 | 0.19 | n.s. |
| | | 女 | 116 | 3.24 | 0.69 | | |
| | 決定 | 男 | 90 | 2.77 | 0.67 | -1.28 | n.s. |
| | | 女 | 121 | 2.89 | 0.65 | | |

*p＜.05, †p＜.1

# 第7章　セルフレポートによる大学生のADHD特性の特徴（研究3）

## 第1節　分布の特徴

### 第1項　目　的

DSM-Ⅳ-TRの診断項目に関してセルフレポートで評価したADHD特性の不注意得点および多動性・衝動性得点の分布の特徴について検討する。

### 第2項　方　法

2001年から2012年の間に収集したDSM-Ⅳ-TRの診断項目について，現在の生起頻度に関する自己評価を再分析する。

**調査対象者および実施時期**

第1期：2001年11月
　首都圏国立短期大学2年生72名（男性1名，女性71名）。平均年齢は20.0歳（$SD=0.78$）。専攻は医療関係。

第2期：2002年11月
　首都圏国立短期大学71名（男性2名，女性68名）。平均年齢は20.1歳（$SD=0.63$）。専攻は医療関係。

第3期：2002年7月（地方国立大学教育学系　283名）
　地方国立大学283名（男性99名，女性183名，不明1名）。平均年齢は18.8歳（$SD=0.84$）。専攻は教育関係。

第4期：2008年2月
　都内私立大学169名（男性43名，女性125名，不明1名）。平均年齢は20.2歳（$SD=1.40$）。専攻は心理関係。

第5期：2008年3月（私立大学心理系　132名）
　都内私立大学132名（男性40名，女性92名）。平均年齢は20.4歳（$SD=0.95$）。専攻は心理関係。

第6期：2008年7月
　関西圏，関東圏，北海道の7つの国立および私立大学に通う大学3年生235名（男性101名，女性133名，不明1名）。平均年齢は20.4歳（$SD=0.72$）。専攻の内訳は，心理・福祉・教育関係が7割，社会・情報関係が3割。

第7期：2012年4月
　都内私立2大学234名（男性74名，女性168名，不明1名）。平均年齢は20.2歳（$SD=0.97$）。専攻は心理関係。学年は3年生が72％。

**実施手続き**
　調査への協力を依頼し協力をえられた教員の担当する授業終了直後に質問紙を配布し，記入後回収した。なお，調査への協力は任意であり，回答を拒否できることや回答を中断できることを書面および口頭で伝えた。

**調査内容**
**大学生のADHD特性の強さ**
　ADHD特性の「不注意（9項目）」，「多動性・衝動性（9項目）」に関する行動特性の現在の頻度について，自己評価を求めた。回答肢は「全くない（1点）」から「頻繁にある（4点）」であった。ADHD特性の強さ（18項目）は単独ではなく，他の大学生活上の困難を表す項目と同時に自己評価した。
　該当項目の加算平均である不注意得点および多動性・衝動性得点がADHD特性の強さである。「しばしばある」にあたる3点を超えると，ほぼ

臨床域に相当する。

**デモグラフィック要因**

年齢，性別，学科専攻について回答を求めた。

## 第3項　結果と考察

### 1．全体の傾向

2001年から2012年に収集したADHD特性得点の分布を，グラフにしたものがFigure 3-1およびFigure 3-2である。年度によって若干の差はあるものの，不注意得点は2点前後，多動性・衝動性尺度は1.7点前後を中心に得点の低い方に分布していた。多動性・衝動性得点は不注意得点より低い方へ分布する傾向がみられた。

3点を超える臨床域に相当する割合は，第5期，第6期で他の時期より高く，特に第6期では，1割を超えて非常に高かった。多動性・衝動性は，全体の分布が得点の低い方へ偏っているにもかかわらず，高得点の学生の割合は必ずしも少ないとは限らなかった (Table 3-13)。これは，時代性なのか，学年による特徴なのか，サンプルの特徴なのか，セルフレポートの限界なのか，本研究では判断がつかない。

### 2．性別による差

不注意得点および多動性・衝動性得点の性別による分布を示したのがFigure 3-3である。いずれも，わずかながらではあるが男性の得点が女性よりも高い方に分布している。平均値は，不注意得点では，男性2.28，女性2.11，多動性・衝動性得点では男性1.96，女性1.82であった。

以上，セルフレポートでADHD特性を捉えた結果，大学生の中には，ADHD特性の全くないものから非常に強い者まで，連続的に分布しおり，一部に臨床域と考えられる学生が存在していた。

第7章　セルフレポートによる大学生のADHD特性の特徴（研究3）　69

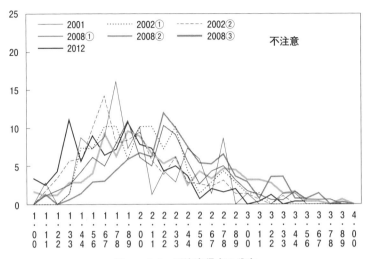

Figure 3-1　不注意得点の分布

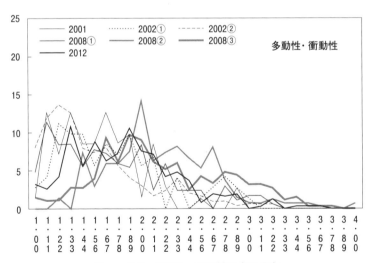

Figure 3-2　多動性・衝動性得点の分布

Table 3-13 ADHD 得点の平均値・中央値・最頻値・臨床域の割合

|  | 調査時期 | 平均値 | 中央値 | 最頻値 | 臨床域の割合(%) |
|---|---|---|---|---|---|
| 不注意得点 | 2001① | 2.03 | 1.89 | 1.78 | 2.9 |
|  | 2002① | 2.06 | 2.00 | 1.67 | 1.5 |
|  | 2002② | 1.92 | 1.89 | 1.67 | 1.8 |
|  | 2008① | 2.16 | 2.11 | 1.89 | 6.2 |
|  | 2008② | 2.38 | 2.33 | 2.22 | 12.2 |
|  | 2008③ | 2.43 | 2.33 | 2.11 | 10.3 |
|  | 2012① | 2.13 | 2.11 | 2.00 | 3.0 |
| 多動性衝動性得点 | 2001① | 1.82 | 1.56 | 1.11 | 0 |
|  | 2002① | 1.76 | 1.67 | 1.22 | 0 |
|  | 2002② | 1.58 | 1.44 | 1.22 | 1.4 |
|  | 2008① | 1.76 | 1.67 | 1.11 | 3 |
|  | 2008② | 2.18 | 2.11 | 2.00 | 5.5 |
|  | 2008③ | 2.19 | 2.11 | 1.89 | 10.2 |
|  | 2012① | 1.85 | 1.78 | 1.33 | 2.9 |

注）得点の範囲は1点〜4点．臨床域はDSM-Ⅳ-TRの基準に従って求めた

## 第2節 ADHDサブタイプの特徴

### 第1項 目 的

大学3年生のADHD特性尺度の得点からADHDサブタイプに分類し，その割合の特徴を確認する。また，サブタイプと大学生活上の困難との関係を検討する。

### 第2項 方 法

前章のデータより第6期（2008年）と第7期（2012年）について，分析に関連する項目の回答に不備のなかった大学3年生のみを抽出し，DSM-Ⅳ-TR

第7章 セルフレポートによる大学生のADHD特性の特徴（研究3）

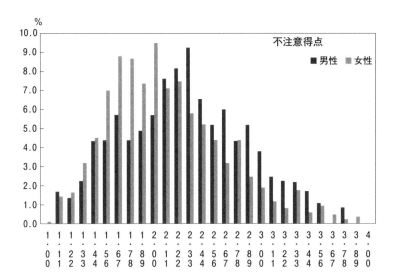

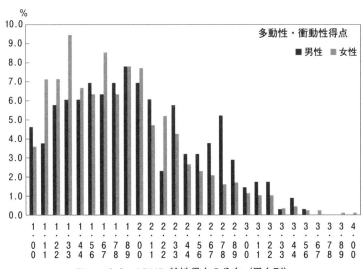

Figure 3-3　ADHD特性得点の分布（男女別）

の診断基準に従いサブタイプに分類し，先行研究等の割合と比較した。

また，サブタイプ毎に大学生活上の困難（スキルの拙さおよび心的不適応感）に関する尺度得点を比較した。

### 調査対象者および実施時期

第6期：2008年7月　7つの国立・私立大学に通う大学3年生211名（男性74名，女性168名，不明1名）。平均年齢は20.4歳（$SD=0.72$），

第7期：2012年4月　首都圏私立2大学3年生161名（男性46名，女性115名）。平均年齢は20.3歳（$SD=0.74$）。

### 実施手続き

調査への協力を依頼し協力をえられた教員の担当する授業終了直後に質問紙を配布し，記入後回収した。なお，調査への協力は任意であり，回答を拒否できることや回答を中断できることを書面および口頭で伝えた。

### 調査内容

#### 大学生のADHD特性の強さ

ADHD特性の「不注意（9項目）」，「多動性・衝動性（9項目）」に関する行動特性の現在の頻度について，自己評価を求めた。回答肢は「全くない（1点）」から「頻繁にある（4点）」であった。同時に「プランニングの弱さ」「行動抑止の困難」「不安」の大学生活上の困難への回答も求めた。

#### デモグラフィック要因

年齢，性別について回答を求めた。

#### サブタイプ分類方法

サブタイプはDSM-Ⅳ-TRの診断基準に従い，「しばしばある」「頻繁に

ある」と回答した項目数によって以下のように分類した。

　　不注意優勢型　　　　：不注意9項目のうち，6項目以上
　　多動性・衝動性優勢型：多動性6項目，衝動性3項目，計9項目のうち，
　　　　　　　　　　　　　6項目以上
　　混合型　　　　　　　：不注意6項目以上，および多動性衝動性6項目以
　　　　　　　　　　　　　上

### 第3項　結果と考察

　サブタイプの割合は，不注意優勢型が最も多く多動性・衝動性優勢型，混合型は少ないという点では，先行研究と一致していた。しかし，診断基準にあてはまる学生の割合は，先行研究が3～6％程度であるのに対し，2008年および2012年に私立大学の3年生を対象に行った調査では，2割程度と非常に高かった（Table 3-14）。

　次に，サブタイプ別に，大学生活上の困難を比較した結果がTable 3-15である。3つのサブタイプに診断基準以下を加えた4タイプによる一元配置の分散分析を行い，有意差のみられた項目に関しては多重比較（Scheffe）を行った。

　5％水準以上で有意差のあったのは，「プランニングの弱さ」が，2008年，2012年とも，不注意優勢型＞診断基準以下，混合型＞診断基準以下であり，不注意特性との関連が確認された。「行動抑止の困難」は，2008年では，混合型＞診断基準以下，多動性・衝動性優勢型＞診断基準以下，不注意優勢型＞診断基準以下であった。また，2012年では，混合型＞不注意優勢型もみられ，ADHD特性全般と関連していた。「不安」は，2008年，2012年ともに，不注意優勢型＞診断基準以下，混合型＞診断基準以下と「不注意」との関連が確認された。

　"混合型"では，プランニングの弱さ，行動抑止の困難，不安においてすべての大学生活上の困難さが高かった。"不注意優勢型"は，プランニング

Table 3-14 セルフレポートによる ADHD サブタイプの割合（%）

参考（先行研究の結果）

|  | 私立2大学 | 私立7大学 | 国立短期1大学 | US 1大学 | 国立1大学 |
|---|---|---|---|---|---|
| 学部 | 心理関連 | 心理/教育/社会 | 看護 | LDセンター | 教育学部 |
| 対象学年 | 3年 | 3年 | 2年 |  |  |
| 年度 | 2012 | 2008 | 2001-2 | 2003 | 2003 |
| N |  161 | 211 | 133 |  |  |
| 混合型 | 5.0 | 6.6 | 0.0 | 0.0 | 0.6 |
| 不注意優勢型 | 15.5 | 9.5 | 4.5 | 1.9 | 3.2 |
| 多動性・衝動性優勢型 | 0.6 | 3.8 | 1.5 | 0.8 | 0.7 |
| 合計 | 21.1 | 19.9 | 6.0 | 2.7 | 4.5 |

注）比較のための参考として，篠田ら（2003），Davis, M. et al.（2011）より引用した。

Table 3-15 サブタイプ別 大学生活上の困難得点の平均（SD）

|  | 混合型 | | 不注意優勢型 | | 多動性－衝動性優勢型 | | 診断基準以下 | | F値 |
|---|---|---|---|---|---|---|---|---|---|
|  | 平均 | SD | 平均 | SD | 平均 | SD | 平均 | SD |  |
| 2008  N（%） | 14(6.6) | | 20(9.5) | | 8(3.8) | | 169(80.1) | | |
| スキルの拙さ | | | | | | | | | |
| 　プランニングの弱さ | 3.24 | 0.32 | 3.18 | 0.41 | 2.77 | 0.51 | 2.34 | 0.56 | 25.69*** |
| 　行動抑止の困難 | 3.02 | 0.41 | 2.66 | 0.50 | 2.50 | 0.87 | 1.89 | 0.61 | 24.65*** |
| 心的不適応感 | | | | | | | | | |
| 　不安 | 3.29 | 0.74 | 3.43 | 0.54 | 3.22 | 0.67 | 2.76 | 0.62 | 10.01*** |
| 2012  N（%） | 8(5.0) | | 25(15.5) | | 1(0.6) | | 127(78.9) | | |
| スキルの拙さ | | | | | | | | | |
| 　プランニングの弱さ | 3.04 | 0.51 | 3.09 | 0.57 | 2.67 | | 2.18 | 0.52 | 25.38*** |
| 　行動抑止の困難 | 3.00 | 0.44 | 2.52 | 0.55 | 3.50 | | 1.93 | 0.52 | 20.39*** |
| 心的不適応感 | | | | | | | | | |
| 　不安 | 3.08 | 0.33 | 3.20 | 0.53 | 2.50 | | 2.52 | 0.67 | 9.46*** |

$***p < .001$

の弱さ，不安において高かった。"多動性・衝動性優勢型"は，プランニングの弱さや行動抑止の困難などスキルに関して，困難さをやや高く意識していたが，不安については一定の傾向は見られなかった。

# 第8章　大学生のADHD特性が進路決定におよぼす影響（研究4～6）

## 第1節　大学生のADHD特性が大学生活の困難さに与える影響（研究4）

### 第1項　目　的

　仮説モデル（Figure 3-4）の①②③の関係について検討した。
　一般の大学生において，①ADHD特性の強さが，②-1スキルの拙さを引き起こす，また，③心理社会的発達課題の達成感を抑えるために②-2心的不適応感につながる経路について検討した。

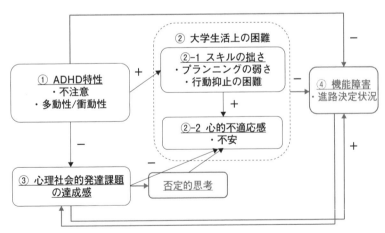

Figure 3-4　ADHD特性がスキルの拙さおよび心理社会的発達課題の達成感を介して心的不適応感におよぼす影響

はじめに，各要因間の関連を以下の仮説に従って検討した。

仮説1：①ADHD特性が強いほど，②-1スキルの拙さが強い。

仮説2：①ADHD特性が強いほど，③心理社会的発達課題の達成感が弱い。

仮説3：②-1スキルの拙さが強いほど，②-2心的不適応感が強い。

次に，Figure 3-4のモデルの検証を行った。

## 第2項　結果と考察

### 1．仮説の検証

#### 仮説1：①ADHD特性が強いほど，②-1スキルの拙さが強い。

ADHD特性（「不注意」と「多動性・衝動性」）と大学生活上の困難（「プランニングの弱さ」「行動抑止の困難」「不安」）の関連を検討するためにピアソンの積率相関係数を算出した結果，全ての尺度間に中程度以上の正の相関がみられた（Table 3-16）。特に「不注意」と「プランニングの弱さ」（$r = .78$,

Table 3-16　ADHD特性と大学生活上の困難の相関

| | | 大学生活上の困難 | | |
|---|---|---|---|---|
| | | スキルの拙さ | | 心的不適応感 |
| | | プランニングの弱さ | 行動抑止の困難 | 不安 |
| 相関係数 | | | | |
| ADHD特性 | 不注意 | .78*** | .68*** | .53*** |
| | 多動性_衝動性 | .58*** | .70*** | .42*** |
| 「不安」を制御変数とした | | | | |
| ADHD特性 | 不注意 | .69*** | .59*** | |
| | 多動性_衝動性 | .47*** | .63*** | |

$***p < .001$

Table 3-17 大学生活上の困難を従属変数，ADHD 特性を独立変数とした重回帰分析の結果

| 独立変数 | | 従属変数 大学生活上の困難 | | |
|---|---|---|---|---|
| | | スキルの拙さ | | 心的不適応感 |
| | | プランニングの弱さ | 行動抑止の困難 | 不安 |
| ADHD特性 | 不注意 | .78*** | .37*** | .53*** |
| | 多動性・衝動性 | .07 | .44*** | .10 |
| adj R² | | .61*** | .56*** | .27*** |

表中の数値は偏回帰係数βである　　　　　　　　　　　　　　　***p<.001

$p<.001$），「多動性・衝動性」と「行動抑止の困難」（$r=.70, p<.001$）は0.7以上の強い正の相関がみられた。しかし，いずれの尺度も「不安」との相関が高く，不安を通しての疑似相関である可能性も考えられた。不注意による不適応は不安や抑うつを高める（Blasé et al., 2009）ことから，「不安」の影響を取り除いた各尺度の関連を検討した。「不安」を制御した偏相関係数を求めたところ，若干，相関係数が低くなったもののいずれの尺度間に中程度以上の正の相関が確認された。よって，仮説1は実証された。

次に，大学生活上の困難を従属変数，ADHD 特性を独立変数として，大学生活上の困難が ADHD 特性によってどの程度の影響を受けているか確認した（Table 3-17）。

その結果，「プランニングの弱さ」は「不注意」からの影響のみが強く，全体の6割を説明していた。「行動抑止の困難」は「不注意」「多動性・衝動性」両方からの影響が強く，6割近くを説明していた。「不安」は「不注意」からの影響が強かったが，全体の説明率は3割弱であった。

**仮説2：① ADHD 特性が強いほど，③心理社会的発達課題の達成感が弱い。**

ADHD 特性と「基本的信頼」から「同一性」までの心理社会的発達課題

Table 3-18　ADHD 特性と心理社会的発達課題の達成感の相関

|  |  | 心理社会的発達課題の達成感 | | | | |
|---|---|---|---|---|---|---|
|  |  | 基本的信頼 | 自律性 | 自主性 | 勤勉性 | 同一性 |
| 相関係数 | | | | | | |
| ADHD特性 | 不注意 | −0.30*** | −0.47*** | −0.48*** | −0.58*** | −0.45*** |
|  | 多動性・衝動性 | −0.18* | −0.24*** | −0.28*** | −0.27*** | −0.45*** |
| 「不安」を制御変数とした偏相関係数 | | | | | | |
| ADHD特性 | 不注意 | −0.11 | −0.27*** | −0.28*** | −0.51*** | −0.24*** |
|  | 多動性・衝動性 | 0.00 | −0.03 | −0.07 | −0.15* | −0.09 |

$^*p<.05$, $^{***}p<.001$

の達成感の関連を検討するためにピアソンの積率相関係数を算出した結果，「多動性・衝動性」と「基本的信頼」を除く全てに有意な負の相関がみられた。自我同一性の確立は不安や抑うつを抑える傾向があり（Wang, Shi, & Chen, 2010），また不注意による不適応は不安や抑うつを高める（Blasé et al., 2009）ことから，「不安」の影響を取り除いた各尺度の関連を検討した。「不安」を制御変数とした偏相関係数を算出した結果，「不注意」と「自律性」から「同一性」との間のみに負の相関がみられた（$r=-.27$, $p<.001$; $r=-.28$, $p<.001$; $r=-.51$, $p<.001$; $r=-.24$, $p<.001$)。特に「勤勉性」は，「不注意」と中程度の相関がみられ，他より強く関連していた（Table 3-18）。

次に，心理社会的発達課題の達成感を従属変数，ADHD 特性を独立変数として，重回帰分析を行い，心理社会的発達課題の達成感が ADHD 特性によってどの程度の影響を受けているか確認した（Table 3-19）。全期間にわたり，不注意の影響が確認された。特に，勤勉性においては，両方の「不注意」から負の強い影響を，「多動性・衝動性」からは正の弱いの影響を受けており全体の4割弱を説明していた。「勤勉性」の獲得の時期に ADHD 特性の影響が強いことが推測された。一方，基本的信頼に関しては，ほとんど

Table 3-19 心理社会的発達課題の達成感を従属変数，ADHD 特性を独立変数とした重回帰分析の結果

| 独立変数 | 従属変数 | 心理社会的発達課題の達成感 | | | | |
|---|---|---|---|---|---|---|
| | | 基本的信頼 | 自律性 | 自主性 | 勤勉性 | 同一性 |
| ADHD特性 | 不注意 | −.36*** | −.60*** | −.56*** | −0.78*** | −0.49*** |
| | 多動性・衝動性 | .07 | .19* | .11 | 0.28*** | 0.06 |
| adj $R^2$ | | .01*** | .23*** | .23*** | 0.37*** | 0.19*** |

表中の数値は偏回帰係数 β である　　　　　　　　　　　　*$p<.05$, ***$p<.001$

影響を受けていなかった。

　以上より，ADHD 特性の心理社会的達成感への影響は，「不注意」で負に強く，特に「勤勉性」で顕著だった。一方，「多動性・衝動性」はいずれの「勤勉性」に正の影響を与えていたものの，全体としては心理社会的発達課題の達成感への関連は弱かった。よって，仮説2は部分的に検証された。

**仮説3：スキルの拙さ（②-1）が強いほど，心的不適応感（②-2）が強い。**

　大学生活上の困難の下位尺度であるスキルの拙さ（「プランニングの弱さ」「行動抑止の困難」）と心的不適応感（「不安」）の関連を検討するためにピアソンの積率相関係数を算出した結果，「不安」と「プランニングの弱さ」および「行動抑止の困難」に有意な正の相関がみられた。(Table 3-20)。

　次に，心的不適応感を従属変数，スキルの拙さを独立変数として，重回帰分析を行った結果，全体での説明率は3割程度であったが，「プランニングの弱さ」「行動抑止の困難」から正の影響を受けており，特に「プランニングの弱さ」が強かった（Table 3-21)。

## 2．仮説モデルの検討

　ADHD 特性による大学生の心的不適応感の生起過程として，①「不注意」

Table 3-20 スキルの拙さと心的不適応感の相関

| | | 心的不適応感 |
| --- | --- | --- |
| | | 不安 |
| 相関係数 | | |
| スキルの拙さ | プランニングの弱さ | .42*** |
| | 行動抑止の困難 | .44*** |

*** $p<.001$

Table 3-21 心的不適応感を従属変数，スキルの拙さを独立変数とした重回帰分析の結果

| 独立変数 \ 従属変数 | | 心的不適応感 |
| --- | --- | --- |
| | | 不安 |
| スキルの拙さ | プランニングの弱さ | .42*** |
| | 行動抑止の困難 | .20** |
| | adj $R^2$ | .30*** |

表中の数値は偏回帰係数βである　　** $p<.01$, *** $p<.001$

と「多動性・衝動性」が"スキルの拙さによる失敗"を通して"心的不適応"につながる経路，②「不注意」と「多動性・衝動性」が，"心理社会的発達課題の達成感"に直接的に，または"スキルの拙さによる失敗"を通して間接的に負の影響を与える結果，"心的不適応"につながる経路を仮定したモデルを想定し，パス解析を行った。はじめに，心理社会的発達課題のすべての下位尺度を使用して検討したところ，十分な適合性を得られなかった。「自主性」の内的整合性が不充分であったこと，ADHDの自己評価への影響は，主に児童期以降に自己評価の低さや劣等感として顕著になると報告されていることから（田中，2013），児童期以降の発達課題である「勤勉性」と「同一性」のみを使用し再度分析を行った。Figure 3-5 は有意なパスを図示したものである。適合度は，GFI＝.95，AGFI＝.86，RMSEA＝.05であり，

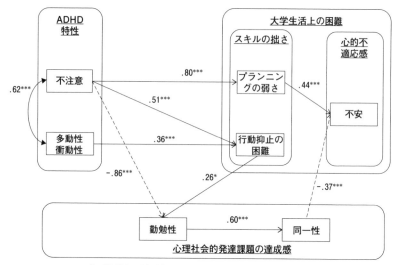

Figure 3-5 ADHD 特性がスキルの拙さおよび心理社会的発達課題の達成感が心的不適応感に与える影響（篠田・沢崎・篠田, 2015）

AGFI はやや低かったが，他の指標は十分な値を示していた。

　まず，「不注意」と「多動性・衝動性」が"スキルの拙さによる失敗"を通して"心的不適応"につながる経路では，「不注意」が「プランニングの弱さ」を高め，「不安」を引き起こしていたが，「多動性・衝動性」の影響は確認できなかった。

　次に，「不注意」と「多動性・衝動性」が"心理社会的発達課題の達成感"に直接的に，または"スキルの拙さによる失敗"を通して間接的に負の影響を与えた結果，"心的不適応"につながる経路について検討した。「不注意」は直接「勤勉性」の達成感を強く抑制することによって「同一性」の達成感も抑制し，「不安」を高めていた。一方で，「不注意」と「多動性・衝動性」によって高められた「行動抑止の困難」は，「勤勉性」の達成感を通して

「同一性」の達成感を高め,「不安」を抑制していた。

　大学3年生における「不安」には,「不注意」から起きる「プランニングの弱さ」によって惹起された大学生としての"スキルの拙さ"によるものと,学齢期の発達課題である「勤勉性」の獲得が阻害された結果「同一性」獲得が不調となって惹起される情緒的な安定性の乏しさによるものという2つの経路が確認された。この点から,スキルの獲得と心理社会的発達のどちらが欠けても心的不適応につながるリスクが一定程度存在するものと考えられる。

　心的不適応のリスク要因のひとつである「プランニングの弱さ」は「不注意」によって引き起こされており,「多動性・衝動性」からは影響を受けていなかった。大学では,履修科目の選択や生活時間の使い方,友人,アルバイトなど自ら行動を選択し実行する機会が増えるが,高校までの定型的な日課と支援はのぞめず,そのつど自ら準備し対応することが求められる。生じた課題を分析し,対処方略を決定し,さらに進捗状況をモニタリングしつつ適宜修正していく能力,いわゆる実行機能（executive function）をいかんなく発揮することが求められる。「不注意」に関連した諸問題への対処スキルの獲得は大学生活に適応し成果をあげる上での重要な鍵となろう。

　心的不適応に関わるもうひとつのリスク要因が「勤勉性」獲得の阻害である。「勤勉性」とは,勉学の経験の中から,内的に育くまれる「有能感」である（鑪, 2002）。「勤勉性」が獲得されなければ,劣等感をもち,学習や課題などにあまり興味を示さなくなってしまう。ADHDのある者は学齢期の失敗経験から劣等感をもちやすいといわれているが（榎戸, 1999）,「不注意」が「勤勉性」の達成感を強く阻害する状態は大学生の時期も続いていると考えられる。不注意の自覚の強い学生は,不注意行動によって批判など周囲からの否定的な態度にさらされることが多く,自尊心が低下し無力感や罪責感にさいなまれる経験をしやすい。このような内的ストレスが増幅されると,不安障害や気分障害を併発し,いわゆるADHDの内在化障害への展開（斎藤・青木, 2010）をきたすことも想定される。大学生活への適応を支援する

上で見過ごしてはならない点といえよう．

　一方で，「行動抑止の困難」は弱いながらも「勤勉性」をむしろ促進する方向で影響していたことは興味深い．今回「行動抑止の困難」として挙げられた問題は，「思ったことをなんでも口にしてしまう」，「人の話を最後まで聞かない」，「秘密を漏らしてしまう」などコミュニケーションにおける抑制の欠如であったが，結果はともあれ積極的に行動することが，「勤勉性」の達成感を高める可能性も考えられる．たとえば，小学校ではADHDのある児童は挙手し積極的に発言する傾向がある．一般に，自発的な発言は教師からは肯定的に評価されることがあるため（藤生，1991），教室の雰囲気にそぐわず仲間からはあまり好意的に思われなかったとしても，積極的な行動がむしろ，「勤勉性」の獲得を促す一助になっている場合もありえる．DSM-Ⅳ-TR診断項目では，衝動性の記述が不充分なことも指摘されており（石井・金生，2010），尺度項目の問題なのか，実際に肯定的な影響があるのかは本研究のみでは明言できない．また，本研究で検討したのは，本人の自己評価による衝動性の強さのみである．ADHDのある学生は，リスクより成果に関心が向くことで長所を過信し，能力以上のことにチャレンジして信頼を失うなど，他者評価と自己の能力の見積りが食い違うことで問題化するという指摘もあり（Hoza et al., 2004），積極的な行動が本人にとっては熱心な行動，周囲にとっては迷惑な行動になっている可能性も少なくない．このズレが大きくなると，「一生懸命やっているのに評価されない」という葛藤を引き起こすリスクとなることも十分に考えられる．今後，社会に出て行く中で，集団からも許容されるような積極性を獲得していく必要があろう．

第8章　大学生のADHD特性が進路決定におよぼす影響（研究4～6）　85

## 第2節　大学生のADHD特性が，直接または大学生活における適応状況を通して，進路決定に与える影響の検討（研究4）

### 第1項　目　的

　仮説モデル（Figure 2-1）の①②④の関係について検討した。
　一般の大学生の①ADHD特性の強さと②大学生活上の困難（「プランニングの弱さ」「行動抑止の困難」などスキルの拙さや「不安」という心的不適応感），④進路決定状況を把握するため心理社会的発達課題の達成感との関連について検討した。
　はじめに，各要因間の関連を以下の仮説に従って検討した。①と②の関連については，前節で検討済みであるため，次の2つの仮説を確認した。
仮説1：①ADHD特性が強いほど，④進路決定が困難である（直接的影響）。
仮説2：②-2心的不適応感が強いほど，④進路決定が困難である（間接的影響）。
　次に，Figure 3-6のモデルの検証を行った。

### 第2項　結果と考察

#### 1．仮説の検証
**仮説1：①ADHD特性が強いほど，④進路決定が困難である。**

　ADHD特性の強さと「不注意」と「多動性・衝動性」と進路決定状況（「回避」「焦燥」「模索」「決定」）の関連を検討するためにピアソンの積率相関係数を算出した（Table 3-22）。
　全体に相関係数は低く，「不注意」と「回避」（$r=.33$, $p<.001$）および「焦燥」（$r=.25$, $p<.001$），「多動性・衝動性」と「回避」（$r=.21$, $p<.005$）に弱い相関が見られる程度であった。さらに，「不安」を制御した偏相関係

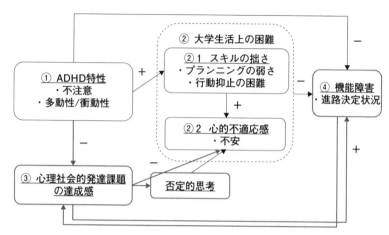

Figure 3-6　ADHD特性が大学生活上の困難を通して進路決定に与える影響

Table 3-22　ADHD特性と進路決定状況の相関

|  |  | 進路決定状況 | | | |
|---|---|---|---|---|---|
|  |  | 回避 | 焦燥 | 模索 | 決定 |
| 相関係数 | | | | | |
| ADHD特性 | 不注意 | .33*** | .25*** | .04 | -.14*** |
|  | 多動性_衝動性 | .21** | .12 | .07 | -.10 |
| 偏相関係数 制御変数:「不安」 | | | | | |
| ADHD特性 | 不注意 | .31*** | .06 | -.03 | -.07 |
|  | 多動性_衝動性 | .17* | -.03 | .04 | -.02 |

*$p<.05$, **$p<.01$, ***$p<.001$

数を求めたところ,「不注意」と「回避」($r=.31$, $p<.001$)のみ有意な弱い正の相関がみられた。

次に,大学生活上の困難を従属変数,ADHD特性を独立変数として,大学生活上の困難がADHD特性によってどの程度の影響を受けているか確認

Table 3-23 ADHD特性と大学生活上の困難を独立変数,進路決定状況を従属変数とした階層的重回帰分析の結果

| 従属変数 \ 独立変数 | 進路決定状況 | | | | | | | |
|---|---|---|---|---|---|---|---|---|
| | 回避 (N=218) | | 焦燥 (N=218) | | 模索 (N=212) | | 決定 (N=220) | |
| | Ⅰ | Ⅱ | Ⅰ | Ⅱ | Ⅰ | Ⅱ | Ⅰ | Ⅱ |
| ADHD特性 | | | | | | | | |
| 不注意 | .32** | .39** | .38*** | .21 | .06 | .08 | $-.31^{**}$ | $-.26^{*}$ |
| 多動性_衝動性 | $-.01$ | .01 | $-.15$ | $-.12$ | .10 | .08 | .08 | .02 |
| 大学生活上の困難 | | | | | | | | |
| プランニングの弱さ | | .00 | | .05 | | $-.13$ | | $-.10$ |
| 行動抑止の困難 | | $-.02$ | | $-.15$ | | .02 | | .17 |
| 不安 | | $-.12$ | | .39*** | | .17* | | $-.09$ |
| $R^2$ | .10*** | .11*** | .09*** | .20*** | .02 | .04 | .07*** | .09** |

*$p<.05$, **$p<.01$, ***$p<.001$

Table 3-24 心的不適応感と進路決定状況の相関

| | 進路決定状況 | | | |
|---|---|---|---|---|
| | 回避 | 焦燥 | 模索 | 決定 |
| 心的不適応感(不安) | .09 | .38*** | .15* | $-.18^{**}$ |

*$p<.05$, **$p<.01$, ***$p<.001$

した(Table 3-23)。その結果,ADHD特性によって説明できる進路決定状況は,1割以下とほんのわずかであり,「不注意」が「回避」におよぼす影響がわずかばかりみられた。

よって,ADHD特性は直接的にはほとんど影響を耐えていなかった。

**仮説2:心的不適応感(②-2)が強いほど,進路決定(④)が困難である。**

心的不適応感(「不安」)の強さと進路決定状況(「回避」「焦燥」「模索」「決定」)の関連を検討するためにピアソンの積率相関係数を算出した(Table 3-24)。

「不安」と「焦燥」($r=.38$, $p<.001$)のみに,弱い正の相関が見られた。

## 2．仮説モデルの検討

　ADHD特性が大学生活上の困難を介して進路決定に状態に与える影響を調べるために構造方程式モデルによって検討した。仮説モデルに従い，進路決定の各変数について，ADHD特性が直接説明する経路と大学生活上の困難を介する経路を仮定し，進路決定を従属変数，ADHD特性と大学生活上の困難を独立変数として階層的重回帰分析を行った（Table 3-25）。モデルⅠは，各進路決定を従属変数，「不安」を独立変数，モデルⅡは，「プランニングの弱さ」「行動抑止の困難」を独立変数に加え，モデルⅢではさらに「不注意」「多動性－衝動性」を独立変数に加えて検討した。

　進路決定の各尺度について，決定係数の増分（$\Delta R^2$）から検討した結果，「回避」はモデルⅢ，「焦燥」と「模索」はモデルⅠ，「決定」はモデルⅡを採用し，全体のモデルを設定した。Amos18.0を用いて検討した結果がFigure 3-7である。適合度はGFI=.94，AGFI=.90，CFI=.96，RMSEM=.08と十分な結果は得られたので，本モデルによる検討を行った。図中の数値は，標準化したパス係数および相関係数である。

　「回避」は，ADHD特性の「不注意」からの直接的な正のパス（.28）のみが有意であり，現在の大学生活上の困難からの影響は受けていなかった。「焦燥」と「模索」は，現在の心的不適応感である「不安」からの正のパス（それぞれ，.34，.15）のみが有意であった。この「不安」は，ADHD特性に起因する「プランニングの弱さ」「行動抑止の困難」といったスキルの拙さによる失敗から影響を受けており，ADHD特性が間接的に影響していると考えられた。「決定」は，「プランニングの弱さ」から負のパス（－.20）のみが有意であり，ADHD特性が現在の大学生活上に引き起こす補償方略の使用の失敗が多いと決定が阻害されやすいことが明らかになった。

　全体的には，ADHD特性の進路決定に与える影響は弱いものであった。特に，ADHD特性の直接的影響は少なく，スキルの拙さによる失敗経験の与える影響もわずかであった。最も影響が大きかったのが，失敗経験に起因

Table 3-25 進路決定状況を従属変数、ADHD 特性、大学生活上の困難を独立変数とした階層的重回帰分析の結果
(篠田・沢崎, 2015)

| 従属変数 | 回避 | | | 焦燥 | | | 模索 | | | 決定 | | |
|---|---|---|---|---|---|---|---|---|---|---|---|---|
| 独立変数/モデル | I | II | III | I | II | III | I | II | III | I | II | III |
| 不安 | .09 | −.07 | −.12 | .41*** | .40*** | .39*** | .18** | .18* | .17* | −.20** | −.12 | −.09 |
| プランニングの弱さ | | .21* | .00 | | .14 | .05 | | −.07 | −.13 | | −.24* | −.10 |
| 行動抑止の困難 | | .11 | −.02 | | −.14 | −.15 | | .09 | .02 | | .10 | .17 |
| 不注意 | | | .39** | | | .21 | | | .08 | | | −.26* |
| 多動性―衝動性 | | | .01 | | | .12 | | | .08 | | | .02 |
| $R^2$ | .01 | .06** | .11*** | .17*** | .19*** | .20*** | .03** | .04* | .04 | .04** | .07** | .09*** |
| $\Delta R^2$ | | .06** | .05** | | .02 | .01 | | .01 | .01 | | .03* | .02 |

*$p<.05$, **$p<.01$, ***$p<.001$

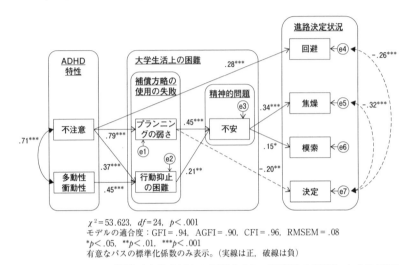

**Figure 3-7　ADHD 特性が大学生活上の困難を介して進路決定状況に与える影響**
（篠田・沢崎，2015）

する「不安」の与える影響であることから，失敗経験をどのようにとらえるかが進路決定に影響をあたえることが示唆された。

## 第3節　大学生のADHD特性が，心理社会的不適応感や大学生活上の困難を介して進路決定状況に与える影響の検討（研究5）

### 第1項　目　的

　一般の大学生のADHD特性（①）の強さと大学生活上の困難（②）（プランニングの弱さ（②-1），行動抑止の困難（②-2）などスキルの拙さや，不安（④）という心的不適応感），過去の否定的な経験を把握するため心理社会的発達課題の達成感（③），進路決定状況（④）との関連について検討した。

　第3節，第4節の結果を踏まえ，Figure 3-8のモデルの検証を行った。

　第3節の結果から，③心理社会的発達課題の達成感についてはADHD特

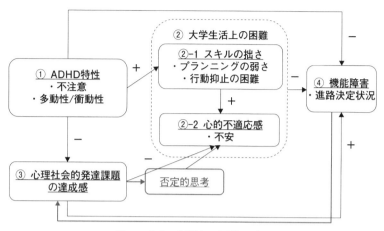

Figure 3-8　本研究の仮説モデル

性が強く影響を与えているのは「勤勉性」だったこと，「基本的信頼」「自律性」「自主性」を変数から外した方がモデルの適合率がよかったことから，「勤勉性」と「同一性」のみを加えた。また，進路決定状況については，どの変数とも関連のなかった「模索」を除いて分析した。

## 第2項　結果と考察

### 1．仮説モデルの検討

「不注意」からは3つの経路による進路決定への影響がみられた。ひとつめは，直接「回避」を惹起する経路，ふたつめは「不注意」に起因する「プランニングの弱さ」が「不安」を引き起こすことによって「焦燥」を惹起する経路，最後が，「不注意」が「勤勉性」の獲得を阻害することで「同一性」の獲得が抑制され，「(進路)決定」できないという経路である。これに対し，「多動性・衝動性」からは「行動抑止の困難」を増長することによって「勤勉性」の獲得を阻害，結果的に「決定」を抑制する経路が確認されたが，影響は非常に弱かった。このように，ADHD特性のうち主に「不注意」が進

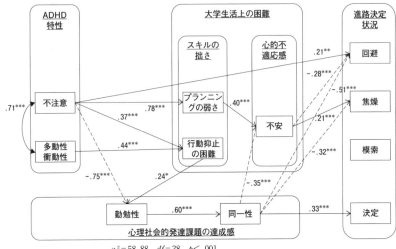

Figure 3-9 ADHD 特性が，直接または心理社会的発達課題の達成感や大学生活上の困難を介して各進路決定状況に与える影響

路決定に影響を与えることが確認された（Figure 3-9）。

ADHD 特性は，主に，具体的な進路決定に至る前の段階に影響を与えていたが，大学3年というこれから就職活動を開始する時期も関係しているかもしれない。しかし，ADHD 特性，特に不注意は，そもそも考えることを回避したり，行動を起こそうとしても気持ちだけが空回りする行動を起こしやすいリスク要因になっていることが確認された。

## 第4節　第Ⅲ部のまとめ

セルフレポートによって，一般大学生の ADHD 特性の特徴と進路決定への影響について検討した。

まず，一般大学生の ADHD 特性の特徴であるが，ADHD 特性は，スペ

クトラム的に存在し，一部に臨床域に達するレベルの行動上の困難さのある学生が存在した。診断基準にあてはめると臨床域として分類された学生の割合は，2001〜2003年の，3〜6％であったのに対し，2008年以降，2割前後と増加している。これは，本当に増加しているのか，調査した大学が違うので学生の室が異なっているのか，調査票の文言を現代の大学生にわかりやすいように修正したためなのか判断はつかない。また，サブタイプではいずれの年代でも不注意優勢型が多くを占めていた。以上から，一定数の学生がADHD特性，特に不注意によると思われる困難さを抱えていることが実証された。

　次に，ADHD特性が，直接に，また大学生活上の困難や心理社会的発達課題の達成感を介して，進路決定に与える影響を検討した結果，主に，不注意が，回避や焦燥といった進路未決定につながることが確認できた。不注意が直接，または不安が強くないときには，進路決定に対して先延ばしなどの回避的な行動が選択される。ADHD特性としての「不注意」は，注意集中や注意の維持などが難しく目先のことに容易に気をとられる特性であるため，重要な決断を先延ばしにする傾向があり（渡部・斎藤，2004），このような特性が直接的に影響を与えていたと考えられた。一方で，ADHD特性は直接的にではなく，大学生活でのスキルの拙さによる問題に起因する「不安」を介して，「焦燥」に影響を与えていた。「不安」が高くなることで，思考および行動が停止している状態が「焦燥」と考えられる。進路決定に際して，学生は大量の情報をタイムリーに処理することを要求される。ADHD特性としての不注意を強く持っている場合，優先順位をつけることが苦手であったり，次々に提供される新しい情報に目を奪われて最初の目標を見失い，どうしていいのかわからず不安になり「焦燥」を感じている可能性が示唆された。また，不安にかられて熟慮せず自分の許容範囲を超えて，吟味せずに次々に行動し，収拾がつかなくなるというリスクも考えられる。不安の強い学生が次々にインターシップを申し込んだ末，休む時間がなくなり疲れて学修に気

持ちがいらないというケースも報告されている（篠田・沢崎・石井，2013）。よって，ADHD学生に対する臨床的介入に際しては，過度な不安を軽減させると同時に，行うべき行動の優先順位をつけ整理するといった心理教育的介入も必要と考えられた。

　なお，不注意によって勤勉性の獲得が阻害されることも示唆された。勤勉性の獲得の遅れは進路決定と関係の深い同一性の獲得の抑制へとつながり，結果的には進路を決定できない状態になるというリスクを，不注意から抱え込むこととなる。

　以上から，ADHD学生への進路決定支援では，不注意に注目すべきであること，不注意の特性が強い学生の大学生活への適応を促すためには，自分の特徴に基づいたスキルの獲得と心理社会的発達を促す支援を同時に図るアプローチが有効と考えられた。本人の行動上の問題について，背景にある不注意と関連させながら自己理解を深め，自分の特徴にあったスキルを獲得すると同時に，これまでの人生での失敗や困難さが自分の努力の足りなさだけではないことを理解し，自尊心や自己肯定感を回復させることを目的とした介入も必要である。たとえば，心理教育，認知行動療法などは行動や認知の変容を促すのに有効な方法であろう。重要なのは，支援者はスキルを一方的に提供するのではなく，学生の情緒の傷つきに寄り添い，協働して日常生活の適応を促すパートナーとなることである。その点で，習得したスキルや認知の枠組みを，日常生活の中でコーチと共に，タイムリーかつ継続的に確認していくADHDコーチング（Quinn, Ratey, & Maitland, 2000 篠田・高橋監訳 2011）も有効な介入と考えられる。

# 第Ⅳ部

# ADHD学生に対する支援

# 第9章　ADHD 学生に対する支援の現状

　日本の大学では，2016年4月の「障害を理由とする差別の解消の推進に関する法律」（以下「障害者差別解消法」）の施行を前に，障害学生支援のための対応要領の策定におわれている。発達障害は，第3章でも述べたが，大学において増加率の高い障害のひとつである。しかし，日本における発達障害の認識の歴史は浅く，どのような学生にどのような支援を提供するかは，いまだ試行錯誤の中にある。ADHD については，これまで他の精神障害や広汎性発達障害の背景に隠れていた。日本では，社会的問題や破壊的傾向の強い者が ADHD と診断されていることもあり，重篤な症状をもつ一部の者に焦点が当たってきたが，本研究でも確認したとおり，ADHD 特性は，多くの大学生が抱えている問題のひとつである。

　そこで，本章では，米国および日本における発達障害のある学生支援の現状を概略した上で，ADHD 学生への進路決定支援法を試みに作成し，今後の ADHD 学生への支援についてまとめる。

## 第1節　米国における発達障害のある大学生に対する支援

　米国では，1990年に制定された「障害を持つ　アメリカ人法（ADA 法，Americans with Disabilities Act）」において，障害をもつ学生に対し，大学は合理的配慮（Reasonable Accommodation）の提供を義務づけられた。米国における大学に在学する学生の多くは，LD と ADHD であり障害のある大学生全体の18〜31％を占める。米国の2年制と4年制の大学を対象にした調査では，79％の大学に ADHD をもつ大学生が在籍している。主な支援としては，試験時間の延長や静かな環境での試験，ノートテイカー，教員や他の学生か

らのノートの借用，学業スキルについての個別指導者の配置，適応するための機器（教科書の音声録音，講義の録音など）がある（Raue & Lewis, 2011）。

　筆者が2001年に訪問する機会のあったジョージア大学 LD センターやアリゾナ大学 SALT（The Strategic Alternative Learning Techniques）センターは，1980年代前半より，LD や ADHD のある大学生を中心に支援を行ってきており，既に多くの障害のある大学生が支援を受けながら卒業している。ジョージア大学 LD センターは，LD の評価サービスを提供する評価部門と支援サービスを提供するサービス部門から構成されている。評価部門は，州の LD 評価の拠点を担っており，異なる専門分野をもつメンバーが LD の包括的アセスメント（認知機能，言語，学力，性格特性，情緒的要因など）や LD のある学生へのプログラム・援助資源の開発を行っている。サービス部門は，LD の診断を受けたジョージア大学の学生に対し，配慮要請や個別の支援を行っている（高橋・篠田・Davis, 2001）。一方，アリゾナ大学 SALT（The Strategic Alternative Learning Techniques）センターは，アリゾナ大学の LD や ADHD のある学生に対し，①チュータリングセッション，②戦略的学習専門員との週1回の面接，③教育工学による支援の3領域から広範囲のサービスを提供している。学習法や時間管理，記憶法，試験に対する不安を軽減するためのスキルなどに関するワークショップや，気分の落ち込みや睡眠障害，物質依存などに対する心理面での個別的な支援，気づきを促し目標指向的な行動に対するエンパワメントなどを行う ADHD コーチングなど，各学生のニーズに合わせて，個別，グループなど様々なプログラムを用意している。近年，SALT センターの卒業生がメンターとして後輩の就職の力になっていることから，Facebook を活用したネットワークの運営を専門スタッフにより運営され組織化されている（篠田, 2011）。このように，4年制大学の中に機関として設置され，学修学支援として，各学生の特性に合った対応法を，個別または集団に提供するという支援体制が主流であるが，なかには4年制大学に入学する前に，学業スキルや生活スキルを身につけることを目的とし

た大学もある。バーモント州のランドマーク大学は，全寮制の LD，ADHD，ASD のある大学生に特化した 2 年制の私立大学であり，学業アドバイザーやコーチングスタッフ，寄宿舎のスタッフ，カウンセラーや医療スタッフなどの専門的知識をもつスタッフが，学業面と生活面の両面から支援を提供している。障害を補うテクノロジーが準備されており，授業の中には，自分の障害理解を促すものもあり，支援と授業を通して，自己肯定感を高め，セルフ・アドボカシー・スキル（self-advocacy skill）を育てている。学業アドバイザーは週に 1 回個人面接を行い，学習の目標設定，勉強方法，学修の動機付け，障害特性，リソース活用法，IT 利用など幅広く相談にのる。コーチングスタッフは，講義やチュートリアルで必要となる情報を学生にかみ砕いて説明する。寄宿舎スタッフは，生活時間管理や対人関係などの悩みなど生活面全般の相談にのっている。卒業後は 4 年制大学へ編入をめざす，いわゆるバイパス校である（片岡，2007）。

このように，米国の発達障害支援は，主に LD・ADHD を中心として，自己理解（障害の理解，障害受容など），自分の特性に合った対応スキルの獲得，テクノロジーの有効利用，セルフ・アドボケイト・スキルの獲得などをめざし，幅広い専門スタッフによって支援が行われているのが現状である。これらの支援は，多くの大学では無料ではなく，それ相応の金額を支払った上で得られる支援といえる。

## 第 2 節　日本における発達障害のある大学生への支援

日本での支援の報告は，発達障害とかかわる誰かが，試行錯誤を繰り返しながら，特性に合った援助的関わりを見つけ出すという自然発生的に学生支援体制が作られていく大学が多かった（沖，2014）。2007年以降，文部科学省「新たな社会的ニーズに対応した学生支援プログラム（学生支援 GP）」などの取り組みをきっかけに，発達障害学生への支援をはじめる大学も現れ，発達

障害者支援センターや医療機関との連携を図りながら発達障害学生を支援する試みもはじめられたが、サポート体制は決して十分とはいえない（坂井, 2007）。

　現在先行して発達障害学生支援を組織的に開始している大学の例をあげる。

　富山大学では、全学組織である学生支援センターの下部組織としてアクセシビリティ・コミュニケーション支援室トータルコミュニケーション支援部門（以下、支援室）を2007年に設置し、発達障害学生支援体制を構築した。支援室を中核として、教育部署、学生支援部署との連携による修学支援、メンタルサポート、キャリアサポート、自己理解やコミュニケーション活動などの心理教育的サポート（水野・西村, 2011）を行っている。学内SNSを使った情報発信や関連施設（学生支援センター、保健管理センター、就職支援室、学生相談室）との連携を強化し、サポートグループの結成、個人的なコーチングやカウンセリングの提供を行っている（斉藤, 2008）。

　筑波大学では、特別支援教育や障害科学に関する研究・教育の歴史を背景に、開学以来、積極的に障害学生を受け入れていたが、2001年の全学的な障害学生支援委員会が設置されて以来組織的に支援に取り組むようになった。2007年の障害学生支援室（Office for Students with Disabilities: OSD）が設置により、大学としての本格的な支援体制が強化された。発達障害学生に関しては、専任教員1名および兼任教員2名が担当し、個別面談を通した対話のなかで、支援ニーズを確認、担任、授業担当教員、ゼミ教員、エリア支援室職員等の関係者との話し合いをした上で、履修上の相談、授業中の配慮に関する相談、定期試験や課題レポートの相談等に関して、可能な範囲での支援内容を決定している。キャリアサポート部門では、発達障害およびグレーゾーンの学生を含む学生に対して、就業準備性の向上支援と卒業後のフォローアップ（就職活動の継続支援・職場定着支援）を含めた支援プロセスを提案している。2014年には、発達障害学生のための就職活動準備講座を導入している。

　明星大学では、発達障害の診断がある学生向けに「STARTプログラム」

をもうけている。このプログラムは，Survival skills Training for Adaptation, Relationship, Transition の略であり，大学への適応・人間関係の構築・卒業への移行のために，困難への対処を練習するプログラムである。月に3回ほどのグループ活動として実施され，毎回，数人で集まり，話し合いやリラクゼーションなどによって交流を深めている。集団行動の中で，教職員やスタッフからアドバイスを受けながらライフスキルが学べ，かつ，自己理解の場，仲間との出会いの場になっている（佐々木・梅永，2010）。

東京大学は，学生相談ネットワーク本部に「学生相談所」，「精神保健支援室」，「コミュニケーション・サポートルーム」，「なんでも相談コーナー」の4部署を置き，学生の支援にあたっている。「学生相談所」はカウンセラーと共に，学業や心理的問題について相談する場所，「精神保健支援室」は，保健センター精神科での診療に加え，学内のメンタルヘルス向上を目指した授業やFD・SDを行っている。「コミュニケーション・サポートルーム」は，発達障害やその傾向のある学生の支援に特化している。専任の臨床心理士や兼務の精神科医数名で運営されている。学生相談所では学生本人のケアが中心となるのに対し，コミュニケーション・サポートルームは本人の話を聞きながらも，障害特性に起因する困難についての具体的なアドバイスや，関係する教職員および外部機関への支援依頼など，コーディネーションが主な役割となる。相談方法は原則来室による面談で行い，自己理解の支援，修学支援，就労支援，診断や障害者福祉手帳などに関するサポート，生活の工夫に関するアドバイス，当事者会の開催といった支援を受けることができる。

各大学では，大学や在籍する学生の特性に合わせつつ，発達障害傾向をもつ学生へのサポートを進めている。共通していえることは，自己理解を深化させることによって，自分の特性を知り，それに合った支援方法を学生自らが学習できるような支援を行ったり，教職員等周囲の関係者への働きかけにより環境調整を行っている。また，二次障害に代表されるメンタル面での問題への支援は，既存の相談関連部署と協力して行っている。

## 第3節　ADHD学生に対する支援方法

次に，具体的なADHDに対する支援法や治療法のなかから，ADHDコーチングと弁証法的行動療法について説明する。

（1）ADHDコーチング

コーチングを学修支援や生活支援に応用したADHDコーチングは，ADHDの支援方法の主流のひとつである。ADHDコーチングは，生活における実際的な問題つまり，普段の暮らしに欠かせない時間や自己管理のスキル記憶や個人が経験する可能性のある機能の問題をはじめとした困難さに取り組む全体的なアプローチである（Quinn, Ratey, & Maitland, 2000 篠田・高橋監訳 2011）。ADHDのコーチの役割は，「以前の悪い習慣に戻りそうになった時に声をかけ，プラスの位置に戻す」こと，クライアントとコーチが協力し，ADHDの症状に対処する方法を学んでいくことにある。学生の目標達成に関する行動について責任を持つように促し，達成したこと，しなかったことを報告する方法を提供する。そのプロセスと成果を，コーチとの関係の下，確認し，信頼関係をはぐくみ，学生が自ら定義した「自分の成功」を獲得できるよう援助するための手段である。たとえば，課題にどう対応すればいいのかまとまりがつかない学生に対し，課題の答えを教えるのではなく，課題への取り組み方，問われている内容の説明，どこで何を調べればいいのか，その方法と取り組む順序など自己管理全般にわたりコーチとしての助言を行う。

有効性を示す研究は，まだそう多くは見あたらないが，Prevatt & Yelland（2015）やDeal et al.（2015）などは，ADHDコーチングもしくは実行機能コーチングにおいて，症状の軽減や学修への効果を報告している。

## （2）弁証法的行動療法（Dialectical Behavior Therapy, DBT）

　弁証法的行動療法は，米国の心理学者 Linehan が開発した認知行動療法の一種である（Linehan, 1993 小野訳 2007）。弁証法的行動療法を行うことにより，能力や生きることへのモチベーションを高め，獲得したスキルを日常で普遍的に扱うことができるようになるとされる。主に個人精神療法，グループでのスキルトレーニング，電話相談，コンサルテーションミーティングから成り立つ。従来の認知行動療法は，自身を変化させることに重きを置いたが，弁証法的行動療法は，「変化させること」「変化させず受容すること」のバランスが重要であるとする。ADHDは脳機能障害であるため，すべての行動や認知を変化させることは不可能である。そのため，障害受容という点からも，ADHDの支援には有効と考えられる。Fleming et al.（2015）が33名のADHD学生に弁証法的行動療法を行った結果，ADHDの症状および実行機能，生活の質（quality of life；QOL）の改善効果が見られたと報告している。

　心理教育的介入は，ADHD学生の症状や，学修の適応状況などに，なんらかの肯定的な影響を与えるようであるが，実証研究は，最近始まったばかりである。

## 第4節　ADHD特性を意識した進路決定の支援

　プランニングスキルを提供することによってADHD特性のある学生を支援する方法として，「時間管理スキルアップワークショップ（岩渕・髙橋, 2011）」がある。このプログラムは，「課題や仕事をぎりぎりまで先のばしにしてしまい困る」，「やらなければいけないことが複数あるときに，うまくこなせない」などのADHD学生の「プランニング能力不足からくる困り感」の強い学生の困り感を軽減できるような支援プログラムとして開発された。プログラムの中では，時間管理法の講義後，学生ひとりひとりの時間管理に関する困難さを取り上げ，グループでその解決法についてディスカッション

を行うことを繰り返す。講義では，基本的な時間管理術に加え，ADHD特性による時間管理上の困難さや解決法の例を，障害を意識させないように取り上げている。その結果，スキルの獲得による行動の改善や，自分で時間を管理して生活しなければならないという意識の変化，ディスカッションや行動の振り返りによって参加者の自分の特徴に対する自己理解を深めるといった効果により，「プランニング能力不足からくる困り感」の軽減が確認された。このプログラムは，障害として意識させずにプランニング能力不足からくる困り感を軽減させるといった点で，"かくれた"ADHD学生への支援として期待される。しかし，進路決定支援として位置づけるには，プランニング能力不足の根底にある注意力の特徴や不安感，進路決定の程度との関係は明確になっていない。そこで，この介入プログラムをキャリア教育におけるADHD学生への進路決定支援法として発展させる試みを行った。

# 第10章　注意に困難さのある大学生への支援プログラム開発の試み（研究7）

　本節では，第7・8章の知見に基づき，不注意への気づきと情緒的に支えながらプランニングの弱さへの介入を行う支援プログラムの開発を試みた。
　本研究は，目白大学人及び動物を対象とする研究に係る倫理審査委員会の承認を受けて実施した。

## 第1節　目　的

　ADHD特性，特に不注意による困難さを自己認知している大学生に対し，進路決定を促す支援のための介入プログラム開発を試みることを目的とした。
　具体的には，進路決定に影響していると考えられる「プランニングの弱さ」と「不安」に着目し，「プランニングの弱さ」を補うスキルを身につけると同時に「不安」を軽減させる介入プログラムを作成し，一般大学生に実施することで，その効果と課題を検討した。

## 第2節　方　法

(1) 介入プログラムの概要
【概念の定義】
　本プログラムでは，プランニングを「目標を定め，将来の予測をし，その予測を考慮して目標を達成できるような案を作成し，これらを比較評価し，実行した後に，それらを見直して改善していくという基本的なプロセス（加藤，2007）」と定義した。

## 【介入プログラムの目標および位置づけ】

本プログラムの目標は，ADHD 特性を自己認知している学生の進路決定を促すために，①注意力に焦点をあて自己理解を促す，②「プランニングの弱さ」を補うスキルを習得させる，③漠然とした「不安」を軽減させることとした。

ADHD 特性による困難さを抱えながら特別な支援を受けていない"かくれた"ADHD 学生が参加しやすいように，一般大学生に対して提供される，集団への介入プログラムとして作成した。

## 【介入プログラムの手続き】

プログラムは，事前アンケート，事前面接，ワークショップ，フォローアップから構成されている。

### 1）事前アンケート

参加者の募集および母集団となる大学3年生の特徴をとらえるために，事前にアンケートを行った。研究協力のえられた教員の授業終了直後に実施した。

### 2）事前面接

参加者の事前アンケートから，不注意や多動性・衝動性といった ADHD 特性，プランニングの弱さ，行動抑制の困難，不安といった大学生活上の困難さについてフィードバックシートを用いてフィードバックを行った。次に，アンケートで明らかになった困難さに関する現在または過去の具体的なエピソードを得るためにインタビューを行った。さらに，社会人基礎力からプランニングに関連する項目についてのアンケートを行った。最後に，注意の持続や集中力を客観的に測定するための注意機能検査（IVA-CPT）を実施した。

### 3）ワークショップ

毎週60分×4回のワークショップを行った。1回のセッションは，宿題の見直し（1週間の行動），プランニングスキルの講義，注意とクセと対処法の

例示等から構成されている。

**4）事後調査**

第4回目終了直後に，アンケートを行った。

**5）フォローアップ調査**

ワークショップ終了時から3か月程度後に，アンケートおよびインタビューを行った。

## 【介入プログラムの内容】

ワークショップの内容は，岩淵・高橋（2011）の「時間管理スキルアップワークショップ」を参考に作成した。

ワークショップの概要は Table 4-1 に示すとおりである。

第1回目は「目標を立てる」，第2回目は「計画をたて実行する」，第3回目は「実行を見直し，計画を立て直す」，第4回目は「実行を見直す・総まとめ」という流れに従い，PDCA サイクルを学習した。毎週1回60分，連続4回行った。各回は，宿題の確認，プランニングに関する講義，ワーク，グループディスカッション，宿題提示で構成された。

提供するスケジューリング法と ADHD 特性の強い学生が陥りがちな失敗例およびその対策の提示内容は「時間管理スキルアップワークショップ」にほぼならった。ワークでは，参加者の日常生活を題材にすることで提供するスキルにリアリティを与え，日常生活への般化を促した。また，第3回と第4回は同じ内容を繰り返し，スキルの定着をはかった。

加えて，本ワークショップで特に留意したのが以下の4点である。

第1に「不注意による困難さを客観的に意識させる」ために，アンケート結果や注意機能検査の結果をフィードバックシートとして資料の中に組み，長所短所とも「注意力のクセ」としてとらえさせた。さらに，ワークの中で出された注意に関連した特徴的な行動の背景に「注意のクセ」があることを強く意識化させた。第2に「プランニングの仕組みを明確化する」ために

## 第10章 注意に困難さのある大学生への支援プログラム開発の試み（研究7）

**Table 4-1　ワークショップの概要**（篠田・沢崎・石井，2013）

| 回とテーマ | 留意点 | 概要 | 使用した資料 | 宿題 |
|---|---|---|---|---|
| 第1回 目標をたてる | 注意力のクセを確認 | 0．自己紹介<br>2．講義：プランニング（PDCA）となにか<br>3．特徴確認：「注意力のクセ」（フィードバックシート1,2）<br>4．ワーク：目標設定（長期・中期・短期の目標）<br>　　講義：優先順位の決め方（付箋を利用）<br>5．おこりがちなミスとその対策の説明<br>6．宿題提示 | フィードバックシートⅠ・Ⅱ<br>ワークシート①②<br>参考資料<br>短冊シート | 目標シートの完成とそれに従って来週までの目標を決め，実行してくる |
| 第2回 計画をたて実行する | 注意力のクセを意識 | 1．宿題の確認<br>　　ワーク：先週の実行状況を振り返り，自己評価する<br>2．講義：予定表（年間・月間・週間）の紹介<br>4．ワーク：月間予定表を作成・週間予定表の作成<br>5．おこりがちなミスとその対策の説明<br>6．宿題提示 | ワークシート②③④⑤ | 次週までの予定表を完成させ，実行する |
| 第3回 実行を見直し，計画を立て直す | 時間管理のクセを意識 | 1．宿題の確認<br>　　ワーク：先週の実行状況を振り返り，自己評価する<br>2．講義：時間管理<br>3．特徴確認：「時間の意識の仕方」（チェックリスト）<br>4．ディスカッション：対応策<br>5．おこりがちなミスとその対策の説明<br>　　ワーク：週間予定表の作成<br>6．宿題提示 | ワークシート⑥⑦⑧ | 対応策を考慮して，次週までの予定表を完成させ，実行する |
| 第4回 実行を見直す総まとめ | 総合的に見直す | 1．宿題の確認<br>　　ワーク：先週の実行状況を振り返り，自己評価する<br>2．時間の使い方のクセへの対応策を紹介<br>3．ディスカッション：対応策<br>4．『プランニングスキルアップお役立ちヒント集』の一部を講義する<br>5．総まとめ<br>6．事後アンケート | ワークシート⑥⑧<br>事後アンケート<br>資料<br>『プランニングスキルアップお役立ちヒント集』 | |

PDCAサイクル[2]の図を毎回視覚的に提示し確認した。ADHD特性のある学生が起こしがちな不注意なミスやとうてい実行できないような計画のつめこみが起こった場合でも，計画，実行，評価，改善を何度も繰り返すことで目標を達成できることを強調した。第3に「目標設定のスキルを丁寧に提供する」ために，時間を十分に割いた。ADHD特性を自己認知している学生は，目の前の事柄にとらわれて長期的な目標を見失いがちである。そのため，卒業時，一か月，一週間の三段階に分けた目標設定をさせ，最終目標のために身近な目標を立てていることを確認した。また，ワーキングメモリの弱さから頭の中で整理することが難しいことを想定し，やりたいこと・やらねばならないことは，付箋（浅倉，2012）と優先順位シートを使って，頭の中にあるアイディアを1枚の用紙にすべて書き出させた。このように視覚化して確認することでワーキングメモリの弱さを補った。第4に「ネガティブな結果のみに注目しない」ために，宿題の見直しの際，うまくいかなかった点だけだはなく，うまくいった点にも注目するようにした。他の参加者がどのような理由でうまくいったのか，自分がうまくいった理由はなんだったのかを見直す機会を設け，スキルの向上と不安の軽減をねらった。

作成されたプログラムは，心理学研究科の教員および大学院生とともに検討した後，大学院生3名に一部を省略した形で実施し，パワーポイントや資料に修正を加えた。

【効果測定】

以下の質問紙によって，ワークショップの効果測定を行った。

① ADHD特性（不注意，多動性・衝動性：DSM-Ⅳ-TR診断基準）

②大学生活上の困難（プランニングの弱さ，行動抑止の困難，不安），

---

[2] 計画（plan），実行（do），評価（check），改善（act）のプロセスを繰り返すことによって，品質の維2）計画（plan），実行（do），評価（check），改善（act）のプロセスを繰り返すことによって，品質の維持・向上および継続的な業務改善活動を推進するマネジメント手法（加藤，2007）

③職業決定の程度（下山，1986より抜粋）

④社会人基礎力（経済産業省，2006）からプランニングに関係する「課題発見力」「実行力」「創造力」「計画力」の変化

以上に加え，募集時に，⑤発達課題の達成感（基本的信頼，自律性，自主性，勤勉性，同一性：中西・佐方，2002），ワークショップ終了時に，⑥ワークショップの感想（参加した印象，役立ち感とその理由，具体的な生活に焦点をあてる方法や小グループでディスカッションすることについての感想，自分について気づいたこと，わかりやすさとその理由，回数と1回の時間，グループの構成人数）について，自由記述にて意見を求めた（Table 4-2）。

さらに，事前，フォローアップ時にはインタビューを行い，プランニングスキルの定着状況等を聞き取った。

## 【参加者】

2012年4月に，2つの都内私立大学の心理学関連学科に所属する学生約250名にADHD特性やそれによる困難さに対する自己認知の程度を把握する事前調査を兼ねたアンケートを実施した。調査票の最後に，「注意に焦点

Table 4-2 使用した質問紙および認知検査

| | 質問紙 | | | | | | 認知検査 |
|---|---|---|---|---|---|---|---|
| | ADHD特性 | 大学生活上の困難 | 職業決定の程度 | 社会人基礎力 | 心理社会的発達課題の達成感 | ワークショップの感想 | IVA-CPT |
| 授業時 | ○ | ○ | ○ | | ○ | | |
| 事前面接 | | | | | ○ | | ○ |
| ワークショップ | | | | | | | |
| 事後調査 | ○ | ○ | ○ | ○ | | ○ | |
| フォローアップ（3か月後） | ○ | ○ | ○ | ○ | | | |

をあてたプランニングスキルアップワークショップの開発」への協力意向と連絡先を求めた。協力の意向を示し設定した時間に都合のつく大学3年生のうち，書面にて同意が得られた学生12名が参加した。

## 【実施日】

第1期は，2012年6月第1週から第3週に事前面接を実施し，第4週目から毎週1回60分のワークショップを連続して4回実施した。参加可能時間によって，参加者をX大学で2グループ（G1が3名，G2が2名），Y大学で1グループ（G3が1名），計3グループ実施した。第2期は，2012年10月第2週から第3週に事前面接を実施し，第4週目から毎週1回60分のワークショップを連続して4回実施した。参加可能時間によって，参加者をY大学で2グループ（G4が3名，G5が2名）実施した。

## 第3節　結　果

分析は，複数の参加者でグループが成立し，全4回のワークショップを欠席することなく参加した8名について行った。

**ワークショップ実施前の参加者の特徴**

Table 4-3 に参加者のデモグラフィックな特徴および進路決定の程度，発達課題の達成感，ADHD特性，大学生活上の困難さ，社会人基礎力の得点を示した。以下，CPTの結果，事前面接のインタビューの結果も含めてワークショップ実施前の参加者の特徴を記述した。

G1-A（X大男）：注意に関して問題を強く感じているが，注意機能検査では特に問題は見当たらなかった。発達課題の達成感が低く，不安が高く，進路決定ができていない。計画力には自信がなく，特に気になることがあるとな

第10章 注意に困難さのある大学生への支援プログラム開発の試み（研究7） 111

Table 4-3 ワークショップ参加者のデモグラフィックおよび事前アンケートの結果

| | 母集団<br>(n=168) | | | G1-A | G1-B | G2-D | G2-E | G4-G | G4-H | G5-J | G5-K |
|---|---|---|---|---|---|---|---|---|---|---|---|
| デモグラフィック | | | | | | | | | | | |
| 性別 | 男(n=50), 女(n=127) | | | 男 | 男 | 女 | 女 | 女 | 女 | 女 | 女 |
| 学年 | 3年（25歳以下） | | | 3年 | 3年 | 3年 | 3年 | 3年 | 3年 | 3年 | 3年 |
| 年齢 | 20.27 (SD=.78) | | | 20 | 20 | 20 | 20 | 20 | 20 | 20 | 20 |
| 大学 | X(n=94), Y(n=83) | | | X | X | X | X | Y | Y | Y | Y |
| | M | M-1SD | M+1SD | | | | | | | | |
| 進路決定状況 | 2.63 | 1.63 | 3.63 | 2.25 | 4.50△ | 2.00 | 2.00 | 4.00 | 4.00 | 2.50 | 4.25 |
| 現在希望している進路 | | | | 検討中 | 進学 | 就職一般企業 | 就職一般企業 | 検討中 | 就職 | 就職一般企業 | 進学 |
| 発達課題の達成感 | | | | | | | | | | | |
| 基本的信頼 | 2.96 | 2.36 | 3.56 | 2.71 | 2.43▼ | 2.71 | 2.71 | 2.86 | 2.86 | 2.71 | 2.86 |
| 自律性 | 3.13 | 2.41 | 3.85 | 2.00▼ | 2.71 | 2.71 | 2.71 | 3.29 | 3.29 | 2.14▼ | 3.14 |
| 自主性 | 2.89 | 2.29 | 3.49 | 2.86 | 2.57 | 2.43 | 2.29 | 3.29 | 3.29 | 2.00▼ | 2.71 |
| 勤勉性 | 3.10 | 2.57 | 3.63 | 2.43▼ | 3.29 | 3.29 | 2.86 | 4.00△ | 3.43 | 2.57 | 2.86 |
| 同一性 | 3.17 | 2.47 | 3.87 | 2.57 | 3.29 | 2.71 | 2.43▼ | 3.29 | 3.71 | 3.29 | 3.43 |
| ADHD特性 | | | | | | | | | | | |
| 不注意 | 2.18 | 1.57 | 2.80 | 2.78 | 1.67 | 2.11 | 2.78 | 2.11 | 1.56▼ | 3.00△ | 2.33 |
| 多動性衝動性 | 1.84 | 1.33 | 2.35 | 2.00 | 1.11▼ | 1.44 | 1.78 | 1.67 | 1.33 | 2.22 | 1.56 |
| 大学生活における困難さ | | | | | | | | | | | |
| プランニングの弱さ | 2.41 | 1.75 | 3.07 | 3.17△ | 2.17 | 2.17 | 2.67 | 2.67 | 1.83 | 3.67△ | 2.33 |
| 行動抑止の困難 | 1.95 | 1.33 | 2.57 | 2.00 | 1.00▼ | 2.00 | 2.00 | 1.75 | 1.50 | 2.50 | 1.75 |
| 不安 | 1.95 | 1.98 | 3.39 | 3.75△ | 3.00 | 3.50△ | 3.50△ | 3.50△ | 2.00 | 4.00△ | 3.00 |
| 自己理解 | | | | | | | | | | | |
| 能力の自己理解度 | 0.67 | 0.43 | 0.91 | 0.67 | 0.67 | 1.00 | 0.67 | 0.67 | 0.83 | 0.83 | 0.50 |
| 情緒統制成熟度 | 0.51 | 0.26 | 0.77 | 0.33 | 0.50 | 0.17▼ | 0.33 | 0.33 | 0.83△ | 0.33 | 0.83△ |
| 社会人基礎力 | | | | | | | | | | | |
| 実行力 | | | | 2.67 | 2.33 | 2.67 | 3.00 | 3.33 | 3.00 | 2.33 | 3.00 |
| 課題発見力 | | | | 2.33 | 2.33 | 3.00 | 2.67 | 3.33 | 2.00 | 2.33 | 3.00 |
| 計画力 | | | | 1.67 | 2.00 | 2.67 | 2.00 | 2.67 | 1.33 | 2.00 | 3.00 |
| 創造力 | | | | 2.33 | 2.00 | 3.00 | 2.33 | 3.00 | 1.67 | 2.67 | 2.00 |

△：母集団の平均より1SD以上高い，▼：母集団の平均より1SD低い

かなか計画を実行できない。

G1-B（X大男）：質問紙および注意機能検査で ADHD 特性による困難さはみられなかった。発達課題の達成感および不安も平均的で，進路も明確に決めていた。

G2-D（X大女）：注意に関する問題はあまり感じておらず，注意機能検査でも大きな問題は見つからなかった。発達課題の達成感が低めで不安が高い。不安を解消したいと思うあまりにいろいろなことに積極的に参加している。キャリア関連の授業を積極的に受け，キャリアセンターで面接を受けるとともに行事の手伝いなども行っている。

G2-E（X大女）：質問紙による不注意得点が診断基準を越えるとともに，注意機能検査でも臨床域に達していたことから，不注意優勢型の ADHD の可能性が高かった。発達課題の達成感が低く，不安が高い。事前面接の中でも，人とは違うという感覚は中学の頃から感じてきており，不安が高くなると焦りでいっぱいになり行動が伴わないというエピソードが語られた。

G4-G（Y大女）：注意に関する問題についての自覚は平均的だが，不安が高い。自分なりの進路の方向性はおおよそ決めているが，最後の決断ができていない。聴覚刺激に対する信頼性や一貫性が若干弱い。

G4-H（Y大女）：質問紙および注意機能検査で ADHD 特性による困難さはみられなかった。発達課題の達成感および不安も平均的である。就職するつもりではあるが，具体的な方向を決めかねて実際の就職活動には結びついていない。

G5-J（Y大女）：注意機能検査で ADHD 特性による困難さはみられなかったが，質問紙では不注意でプランニング力が弱いと感じている。発達課題の達成感では自律性や自主性が低く不安が高い。一般企業への就職を希望しており，就職活動の説明会などには参加しているが，自信が持てず悶々としている。

G5-K（Y大女）：質問紙および注意機能検査で ADHD 特性による困難さはみ

られなかった。発達課題の達成感および不安も平均的で，進路も明確に決めていた。

**ワークショップ前後の変化**

　注意機能検査の結果，ワークショップ前後の質問紙の尺度得点の変化（Figure 4-1），および事後アンケートの結果（Table 4-4-1, 4-4-2）から，自己理解の変化，プランニングスキルの獲得による意識および行動の変化，不安の変化について以下にまとめた。

**①自己理解の変化**

　ADHD特性に関しては，特に「不注意」「プランニングの弱さ」は事前に得点の高かった者は低く，低かった者は高くなり，事後の得点のばらつきが減っていた。認知機能検査で把握された注意力より高い問題を感じていたA，Jは，事後に不注意やプランニングの弱さの得点が低くなり，母集団の平均に近づいた。3か月後は，Aは低いまま，Jは若干高くはなったがほぼ効果を維持していた。

　事後アンケートでは，「自分が計画できなかったのは大きすぎる目標をたてていたからだとわかった」「自分は目の前のことに集中しすぎる傾向があるとわかった」「人とは違う自分の優先順位の付け方がわかった」「時間が空いていると予定を入れてしまうクセがある」「日中型人間であり短期集中で終わらせたいタイプ」「自分の生活・行動パターンが分かった」「見える化することが自分には大切だと気付いた」など自分の注意力や計画力に対する気づきに関する記述が多くみられた。

**②プランニングスキルの獲得による意識および行動の変化**

　「計画力」は，ワークショップ直後に得点が上昇し3か月後も効果が維持されていた。一方，「課題発見力」「実行力」「創造力」は，事後に一時的に

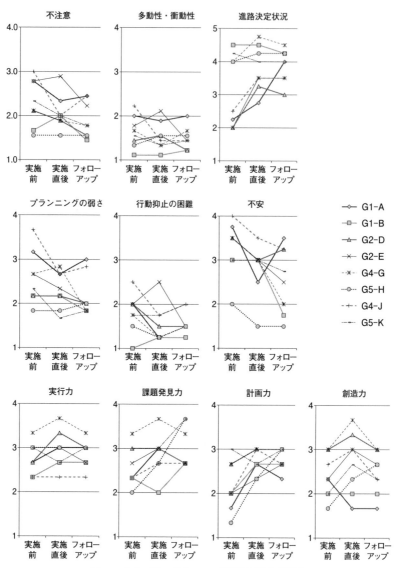

Figure 4-1　ワークショップ前後の得点の変化

## Table 4-4-1　事後アンケートの結果（第1期）

| | グループ1（X大） | | グループ2（X大） | |
|---|---|---|---|---|
| | A | B | D | E |
| | 男・3年 | 男・3年 | 女・3年 | 女・3年 |
| ①印象 | 今までこのように目標を決めて計画し行動したことがなかったのでよい経験になった。目標は手の届くものに設定すべきだと学んだ | 週間予定表を書くことでその週にやりたいこと、やらなければいけないことを意外と詳しく把握できたこと | 自分のクセに気づいたり、話し合いをしていろいろアイデアをもらえたこと | 自分がどのようなスタイルなのかよくわかった。計画を立てたら立てっぱなしではなく、見直しが大事だと思った |
| ②役立ったか | 大変役に立った | 大変役に立った | 大変役に立った | 大変役に立った |
| 役立った点 | 目標設定の仕方・スケジュール作成方法を学べた | 毎週その週の予定を立てることの重要性に気がつくことができた | 予定を詰め込みすぎず、休みも入れながら過ごすこと、大切なことや集中したい作業は朝（午前中）に行う | いつも頭の中で曖昧な計画を立てて、失敗することが多く、計画の立て方から見直しまで取り組み方が理解でき、実行できた |
| 役に立たなかった点 | 特になし・全部使える | | 付箋を利用したスケジューリング | 自分一人だとフィードバックなど目標を達成できるかわからないので、このワークショップが終わってもできるか不安 |
| ③具体的な自分の生活に焦点をあてるという方法 | 実生活のことを計画することで、実際に目標達成もできるし、身をもって成功体験も得られたしよかった | 自分の生活に焦点をあてることで、やる気は十分に出せたと思う。しかし、自分の生活の半分近くを学園祭で使用しているため、最終目標のためのプランニングには入れなかったのが残念だった | スケジュール（1日毎時間単位で組むプランニング表）の作成で、意外に時間はあるが、ある一定の時間帯にやることが集中してしまっていることに気づいた | 今まで何気なく、何となく過ごしていた毎日に意味が産まれた気がする |
| ④小グループで各参加者の具体的な問題について話し会うという方法 | 小グループなので意見も出しやすく、よく話し合うことができた | 今回は偶然、全員知り合いだったので意見も言いやすかったが、全員初顔合わせでは十分な意見を出すことはできなかったのではないかと思う。しかし、一人き | 自分のこと、そして他の参加者はどのように取り組んだり気をつけているかがわかり、有益であった | 話しやすい子とだったので小グループだと自分の意見も出しやすかった |

| | | | りではうまくいかないのもまだ事実だと思った | | |
|---|---|---|---|---|---|
| ⑤自分について気づいたこと | 自分が今まで計画をできなかったのは，大きすぎる目標を立てているせいだとわかった | 私は目の前のことに集中しすぎる傾向があるとわかった | どうしても時間が空いていると，つかれがあるないにかかわらず予定を入れてしまうという癖 | 日中型人間だということ。短期集中でやらなきゃいけないことを先に終わらせたいタイプ |
| ⑥わかりやすさ | 大変わかりやすかった | わかりやすかった | わかりやすかった | 大変わかりやすかった |
| | 一つ一つ丁寧で，質問にもすぐ答えてくれたから | パワーポイントと資料を使い，さらに自分たちに書かせてくれたので飲み込みやすかった | 多数のレジュメやパワーポイントそしてひとつずつ丁寧に解説があったので | 当たり前にできなければ行けないことを，わからない私に，1から丁寧に教えてくれてやりやすかった |
| ⑦回数と1回の時間 | 週一で1時間は，ちょうどよい | 意見を出し始めると意外にキリがなく出てしまい，1回の時間を守るのが困難だった。お互いに意見が出しやすいのであれば，80〜90分くらいの時間でもできるのではないかと思った | ほんの少し足りないと感じた。集中しているので終わると指定の時間が過ぎていることがあったので | 時間があっという間に感じました |
| ⑧グループの構成人数 | 3人ぐらいがベスト | 私が所属したグループだけかもしれないが3人分の意見を出し合うと時間が足りなくなる印象を受けた | 丁度良いです | 2人はやりやすいです。あまり多人数は苦手なので |
| ⑨その他 | 他の人の計画も知れたし，案外自分と似たような状態に陥ってしまうことに気づけてよかった | 今回のワークショップを受けて，予定を立てることが必要な事だと思った。これからは自分で月間，週間予定表のテンプレを作成し，積極的に活用していきたいと思う | | パワーポイントを用いるのは視覚的にもみえるのでわかりやすい |

第10章 注意に困難さのある大学生への支援プログラム開発の試み（研究7） 117

Table 4-4-2 事後アンケートの結果（第2期）

| | グループ4（Y大） | | グループ5（Y大） | |
|---|---|---|---|---|
| | G | H | J | K |
| | 女・3年 | 女・3年 | 女・3年 | 女・3年 |
| ①印象 | 自分の時間の使い方のクセが顕著に目に見えるようになったことで改善できることが明白になったこと。見える化 | 毎日の生活リズムが一緒だと思っていたので、ばらばらなことに気づいて、すき間時間もたくさんあることに気づいたのが印象的です | 全てにおいて肯定的であった | 計画をたてることは以前にもやったことがあり身近な者だと思っていたが、自分の時間の使い方のクセをしらないとうまく立てられないと感じた |
| ②役立ったか | 役に立った | 役に立った | 役に立った | 役に立った |
| 役立った点 | 見える化することが自分には大切なんだと気づけたので、これから活用していきたいと思った。 | 細かく計画する方法を体験できた | 自分のクセなどがわかったから。ワークショップに参加することで自分一人の時よりも「やらなきゃ」という気持ちになった | 自分の時間の使い方のクセがわかった。プランニング力は今後も必要だと思うので知ることができてよかった |
| 役に立たなかった点 | | | | |
| ③具体的な自分の生活に焦点をあてるという方法 | 自分自身の1日の振り返りもできたので参加できてよかった | 意外と何もしていない時間が多くて、新しく気づいたことがたくさんでした。細かく計画するのが苦手なこともあって、大変だなと思うこともあったりしました | 自分の生活パターン・行動パターンがわかった | あまり普段は意識していなかったので新鮮な気持ちだった |
| ④小グループで各参加者の具体的な問題について話し合うという方法 | 最初は緊張していたけれど、小グループでの話し合いの場というのは今後役に立つと思うので、今のうちから慣れられたようでよかった | 自分で考えつかないことを言ってもらえたりしたのは、すごくよかった | いろいろなアイディアを聞けて参考になった | 話しやすい子とだったので小グループだと自分の意見も出しやすかった |
| ⑤自分について気づいたこと | 時間を無駄に使っていたなぁということ | 忙しがっていただけで、もっといろいろできた | 切り替えが苦手 | |

| | | | | |
|---|---|---|---|---|
| ⑥わかりやすさ | 非常にわかりやすかった | 非常にわかりやすかった | わかりやすかった | 非常にわかりやすかった |
| | パワーポイントと言葉でも補足説明でとてもわかりやすかった | 図とか（例とか）ですごくていないな説明だったので，わかりやすかったです | 少人数だったので詳しく説明が聞けたから | その場で説明するだけでなく，資料を提供してくれたから |
| ⑦回数と1回の時間 | 丁度良いと思った。1回の時間もあっという間に終わってしまったように感じられた | 4回は長い気がしたけど，意外とあっという間だったような気がします | 1回の時間はあっという間だった | 1週間に1回1時間というペースはちょうどよかった |
| ⑧グループの構成人数 | 私は3人で丁度良かったです | 3人は丁度良いと思うけど，多人数でやるのも楽しそうです | 今回ぐらいの人数（4人）がちょうどいい。多いと発言しにくい | 2人ではなく3人ぐらいの方が1人の提案に対して2人の意見を聞けるのでよいと思う |
| ⑨その他 | 今回，このワークショップに参加したことで，これまでの自分の生活リズムや時間の使い方，集中するためのクセなどを振り返って自覚することができたので，参加してよかったと感じます。取り組んできたことはこれからも続けて，時間の管理がしっかりできるようになりたいと思いました | いつもやらない細かい計画を立てていくことだったり，目標を人の前で行ったりするのは，少し難しかったけど，書いたり言ったりすることによってやろうと思えたのはすごくよかったです。ワークショップをしなかったら，やらなかったこともあると思うので参加してよかったです | グループの話し合いというより少人数での座談会みたいだったので話しやすかった | プランニングスキルアップに限らず，自分の気になる点を改善したり，長所を伸ばすには他の人の意見が大切だと思った |

得点が上昇したが3か月後には再び得点が下がる者もおり，効果はばらついていた。

　事後アンケートでは，「目標設定やスケジュールの作成方法を学べた」「週の予定をたてることの重要性に気づいた」「1週間のなかで細かく予定を区切ることでなにをすべきか考えるようになった」「計画の立て方から見直しまでの取り組みが理解できた」などプランニングスキルの理解に関する記述が多くみられた。宿題による行動の振り返りでは，「目標設定を具体的にしたことでうまく予定が進んだ」など学んだスキルを使った行動が報告された。

### ③不安の変化

　「不安」は，ワークショップ直後に得点が低くなり3か月後も効果が維持されていた者がほとんどであった。一部に3か月後に再び得点が高くなるものも見られた。

　事後アンケートでは，「他の人の計画も知れたし，案外自分と似たような状態に陥ってしまうことに気づけてよかった」，「ワークショップ終了後，自分一人だと目標を達成できるかどうかわからないので不安」などの記述がみられた。

### 個別ケースの結果

　次に，診断はされていないが不注意優勢型のADHDの可能性の高いケースについて報告する。このケースは，プランニングの弱さに困難さを抱え漠然とした不安にさいなまれていたが，自分の特性に気づき自分なりの対応策を導き出していった。

**【Eさん】**（X大学3年生・女性）

　事前調査では，質問紙による不注意得点が診断基準以上，注意機能検査で臨床域と不注意優勢型のADHDの可能性が高かった。視聴覚とも集中力に

欠け，衝動的に反応しやすく，特に視覚では注意の切り替えにも困難さがみられた。検査中，5分を過ぎた頃から落ち着きがなくなり，座り直したり，足をもぞもぞ動かす様子が観察された。事前面接の約束をうっかり忘れ，検査者がメールで連絡した後，走って待ち合わせ場所に駆け込んでくるということもあった。また，「不安」が高く，発達課題の達成感は全体に低く，特に「同一性」は母集団の平均 − 1SD 以下と低かった。

　事前面接では，「まわりから追い立てられるような忙しい時，てんぱってきちゃって，"そんなミスしないだろう"というミスをしてしまう。どうしていいかわからなくなる。」「ささいなことが心配になるとそれが頭から離れない。レポートの課題が出ていても『今やってもいいレポートはできない』と思って先延ばしにしているうちに締め切りが迫り，納得のいかないレポートを提出してしまう。」といったエピソードが語られた。このような「要領の悪さ」は中学くらいから感じており，「人とは違う」困難さを抱えていると感じてきたようだ。「要領の悪さ」へは，試験週間はバイトを控えるなどやらなければならないことを最低限に抑えることで対処している。しかし，バイトの仕事に新人の指導が新たに加わったことで混乱し，店長に叱られるような失敗も起こし落ち込むと語った。

　一定の業種の一般企業に就職したいという思いはあるものの，何をすればいいのか自分で決められず，結局何もしないまま時間が過ぎている状態であった。もう一人の参加者が，Eさんとは対照的にいろいろな行動をやり過ぎてしまうタイプであったため，始めの頃は，就職活動の進み具合の違いから，焦ってしまう場面もあったが，「Eさんは，就職したい業種がはっきりしている」と指摘されたことや，やり過ぎることにも問題があることを知り，自分にあった行動のスタイルがあることに気づいた。回を重ねる毎に，1週間を振り返っての自己評価が上がり，最終的にはB判定（60〜80点）まで到達できるようになった。特に，自分の集中力が30分程度しか続かないことに気づき，30分の電車通学の時間をうまく利用した計画の立て方を見出した時は，

本人も満足している様子だった。

　ワークショップ前後の得点の変化は，「不注意」はほとんど変わらなかったが，不注意に起因すると思われる「プランニングの弱さ」や「不安」といった困難さは減少，「課題発見力」，「計画力」，「創造力」といったプランニングに関連する得点や「進路決定の程度」が増加した（Figure 4-2）。
　事後アンケートでは，本ワークショップは大変役に立ったと回答しており，その理由として，「自分がどのようなスタイル（注意や時間の使い方）なのかよくわかった」など自己理解に関する記述や，「計画は立てっぱなしではなく見直すことが大事だと思った」などプランニングスキルの獲得に関する記述，宿題で実生活の計画を立て実行したことで，「何となく過ごしていた毎日に意味が生まれた気がする」など自分で能動的に生活を組み立てるという意識の変化があげられた。しかし一方で，「ワークショップが終わってしまったら自分一人で見直しができるのか」という不安も述べられていた。
　3か月後のフォローアップ面接では，本人の不安に反し，効果が維持されていた。3か月の間に文化祭で計画をたてて実行しなければならない状況になったようであった。ワークショップで学んだものの中で自分に使えそうなものを使って，文化祭を成功させたことで，本人としても自信がついたようであった。
　Table 4-5 は，ワークショップの経過に伴い，自己理解，スキルの獲得，不安がどのように変化したかを示したものである。自己理解は，検査結果のフィードバックや他者との比較，他者の指摘によってきっかけをつかみ，反復練習によって深化させていた。スキルの獲得は，他者との比較や他者の指摘を実際の日常行動に結びつけることによって基本スキルが獲得され，自己理解と基本スキルが獲得された後に，自分の特徴に応じた行動スキルに結びついていた。また，不安は，自己理解が深化することとポジティブフィードバックによって軽減されていた。

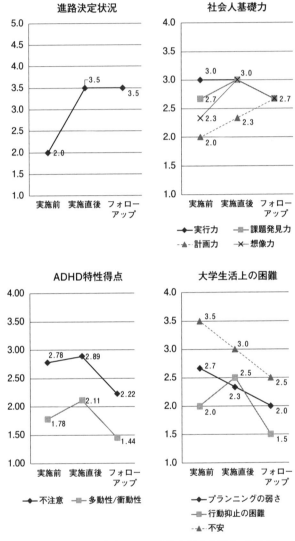

Figure 4-2 ワークショップ前後の得点の変化（G2-E）

第10章　注意に困難さのある大学生への支援プログラム開発の試み（研究7）

## Table 4-5　自己理解，スキルの獲得，不安の変化（E）

| | | ①自己理解 | ②スキルの獲得 | | ③不安 |
|---|---|---|---|---|---|
| | | | プランニングスキル | 特徴に応じた行動スキル | |
| 事前 | ・注意集中できない①<br>・心配になりやすい①②<br>・なんとなく予定を先延ばしにして納得のいかない結果になる①②<br>・就活はなにをどうすればいいのかわからない① | 具体性に欠ける | 未獲得 | 未獲得 | 高い<br>3.5/4.0 |
| 第1回 | ・目標設定が曖昧→他者との比較→他者を感心②<br>・計画をしたことで安心し行動が伴わない①<br>・CPTの結果に納得①<br>・領域にこだわりがあることに対して「絞れていている」と言われ笑顔になる③ | フィードバックシートにより深化 | 目標の具体性<br>→未獲得 | 未獲得 | ポジティブフィードバックに好印象 |
| 第2回 | ・目標設定が曖昧→他者の目標の板書・WSRの指摘問題性を理解②<br>・曖昧な目標だと行動できないことを言語化①<br>・人より行動に移すのが遅く，時間がかかる。遠回りして行き着く①<br>・1週間の行動の振り返りで他者がメモをとっていることに感心（他者との比較）①② | 他者との比較により深化 | 具体的目標がが行動につながる<br>→理解<br><br>記録の重要性<br>→理解 | 理解 | |
| 第3回 | ・具体的な目標の設定①②<br>・予定表に書くメリットを自覚②<br>・15分の電車通学時間を利用②<br>・自分が集中できる時間は30分①② | 1週間の練習<br>他者との比較<br>ディスカッションにより深化 | 目標の具体性<br>→獲得 | 獲得 | 具体的な目標を設定すると行動できる自信を表現 |

| | | | | | |
|---|---|---|---|---|---|
| | ・自分「は」という表現が増える<br>・「毎日○○がやれた」③<br>・夜は作業できない。大事な決定は朝① | | | | |
| 第4回・直後 | ・曖昧な計画を立てて失敗していた①②<br>・計画は見直しが重要②<br>・日中型人間①<br>・短期集中型①<br>・ひとりで継続できるか不安③<br>・時間がありすぎても行動できるわけではない①② | 1週間の練習ディスカッションにより深化 | 獲得 | 獲得 | 軽減<br>3.0/4.0 |
| 3か月後 | ・優先順位を考えるようになった②<br>・急ぎの予定は順序立てることを意識②<br>・細かな計画はたてていない②<br>・計画に余裕を持たせている②<br>・心構えがあるとギリギリでも対応できる②③<br>・友達や学校の授業など人の力を借りている③ | | 選択<br>定着 | 定着 | 軽減<br>2.5/4.0 |

## 第4節 考 察

**自己理解**

　参加者全員が，注意力や計画力，自分の行動の仕方について新たな気づきがあったと述べていることから，本プログラムは自己理解を深める効果があったと考えられる。

　その理由として，第1に質問紙や認知検査の結果をフィードバックシートの形で具体的に伝えたこと，第2にディスカッションによって他の参加者と

比較できたこと，第3に日常の自分の行動を振り返ることによって自分の特徴の理解が深められたと考えられる。

ADHD 特性のある大学生の不適応は，自分の能力を本来の力より低く見積もることで重篤化するか，長所を過信しリスクより成果に関心が向くことで能力以上のことにチャレンジし信頼を失うというように他者評価よりも自己の能力を高く見積もることでも問題化する（Hoza et al., 2004）と指摘されている。客観的な指標により自分の特徴を意識化し，グループで自分の行動を話題にすることが，自分の特徴を現実の姿に近い形で理解し，適確な対応戦略がとることに効果があったと考えられる。

**プランニングスキル**

多くの参加者のプランニングに関連する社会人基礎力が上昇していることから，本プログラムがプランニングスキルの獲得に効果があったと考えられる。

本プログラムで習得をめざした PDCA サイクルの構成が，ADHD では獲得が難しいとされる実行機能（executive function）そのものであったため，日常生活における実行機能に沿った行動の練習を行った形となった。実行機能は，将来の目的に向けて判断，計画，行動するためのオペレーション機能のことで目的志向的行動（行為）ができる能力である（相原，2009）。具体的には，①目標設定，②計画立案，③計画実行，④効果的遂行の4段階によりなりたっており（福井，2010），本プログラムでは各回のテーマと一致していた。そのため，各回，自分の能力に向かい合い理解することで，実行機能の4段階を意識することができことによりプランニングへの理解が深まったと考えられた。

また，講義に際し「わかりやすさ」に考慮したこともプランニングへの理解を深める一因であったと考えられる。ADHD 特性による困難さに配慮して，資料を視覚化する，資料をシンプルで一貫性のあるものにするなどの工

夫をした。大集団で一方的に講義を受ける形ではなく，自分で作業する時間をとったことも，提供された情報を定着させるには役立ったと考えられる。自分の考えを文章にするワークや，できあがったワークシートを見ながらディスカッションすることで，参加者の頭の中の整理の仕方を学んでいたようであった。

さらに，プランニングの概念を理解したうえで，具体的な自分の日常生活の行動と照らし合わせること，自分の注意力や計画力，時間の使い方のクセに合わせて，予定を立て実行・見直し・修正を繰り返し，プランニングの練習を繰り返したことでプランニングスキルを獲得していったと考えられる。

**不安の軽減**

多くの参加者の不安は，プログラム直後軽減していたことから，不安の軽減に一定の効果はあると考えられた。

今回のグループは，心理学科の知り合い同士の学生であったために，他者の発言を不用意に否定や攻撃をしない，他者の良い点を意識しフィードバックするなどといったグループワークの基本を修得していたために，相手を受容する雰囲気のなかでワークショップが進行した。そのため安心してディスカッションすることができたといえる。そのようなグループの環境の中で，悩んでいるのは自分だけではないことに気づけたこと，うまく実行できなかったときにアイディアを出し合えたことが不安の軽減に役立ったといえる。自分だけではなく他の参加者の情報に触れることで，皆それぞれに悩みを抱えており，同じ目標に向かっていても悩む内容は各人が違っていることに気づくことができた。この気づきは，不注意による困難さを強く感じていたり，不安の強い者にとっては安心につながっているようであった。

また，プランニングの方法は各人のクセに合わせて調整するものだということ，失敗してはいけないのではなく失敗しても見直して考え直せば良いというPDCAサイクルのそもそもの考え方を確認し，宿題の見直しにおいて

「うまくいったところとその理由」にも焦点をあて，自己を肯定的に捉えることができたことで「不安」が軽減され，行動に移す自信がついたようであった。

一方で，本研究では分析対象外の参加者の中には，事前にはほとんど困難さも不安も感じていなかったが事後に不安が増加したものもいた。事前には自分の問題に気づいておらず，プログラムの中で，自分のもつ困難さや進路決定という最終目標を達成することの大変さに向き合うことになった。そのため，不安が増加したと考えられる。とはいえ，増加の不安得点は平均以下にとどまるとともに，社会人として生活するために自分なりの対応策が必要かもしれないといった発言があったことから，意味のある危機感を作り出すことができたとも考えられるが，今回の結果から断言することはできない。

**ADHD学生への適用の可能性**

本研究では，1名だけではあるが"かくれた"ADHDの可能性のある学生の参加が得られ，一定の効果も確認された。この学生にとって，注意に大きな問題のない一般の学生にあっても，問題は異なれどもプランニングで苦労していることを知ったり，違った視点からの工夫の仕方について意見を聞くことは，自己理解を深め自分に即したプランニングの方法を考える貴重な機会になったようだ。しかし，自分一人では学んだ効果を維持できるかどうかという不安は抱えていたことから，なんらかの継続的なフォローアップの必要性が示唆された。

## 第5節　今後の課題

ADHD特性のある学生を含めた大学生を対象としたプランニングスキルの獲得と不安の軽減を包括したプログラムを開発するという目的の下，一定程度の効果が確認されたが，プログラムの内容や構成，さらにはキャリア支

援のひとつとしてキャリア教育の中に組み込んでいくための課題も残る。

　プログラム構成の問題としては，まず，グループの構成人数と所要時間の兼ね合いがある。事後アンケートでも，3人になると60分では時間がやや足りないと指摘する記述がいくつか見られた。きめ細かい配慮を行いながら参加者の活発な発言が可能なグループサイズと1回の時間についてはさらに検討する必要がある。次に，ファシリテーターの人数である。今回はひとりで板書，進行など全てを実施したが，板書している間はグループに目の届かない時間もあるため，できればサブのファシリテーターも含めた2人体制が望ましいと考えられる。

　プログラムの内容の問題としては，第1回に行った付箋を使った「やらなければならないこと・やりたいこと」の整理という方法についての検討が必要である。本研究では，説明の時間が十分ではなかったこともあり，2回目以降，付箋をうまく利用できている者が少なかった。方法論が大学生には適当でないのか，理解させるための時間が足りないのか，明らかにしていく必要があろう。

　プログラムの効果に問題としては，まず，プログラム終了後の効果の維持に関する検討が必要である。現在フォローアップ調査を行い効果の維持について調査中である。また，本介入プログラムの最終的な目標である進路決定への効果についての検討も必要である。事前事後の質問紙による進路決定の程度は増加している（Figure 4-1）が，その要因が，プログラムの実施によるものなのか，プラグラムの内容によるものなのか，グループワークという方法によるものなのか等判断がつかない。また，考察でも述べたが「不安の軽減」に対する効果についても慎重に検討する必要がある。ADHD特性による困難さを自己認知している学生への支援には，自分の困難さを意識し対応策を具体的に練ること等を体験していく中で，小さな成功経験を積み上げていくことが重要である。不安が高いと行動に移せなかったり，やみくもな行動を起こしてしまうが，全く不安がないと自分の弱点を理解し対策を練ろう

という意欲も生まれなくなる。本研究では，不安を軽減させることを目的にしたが，今後は，どの程度の不安感，危機感を保つかという視点での検討も必要になろう。

　キャリア支援のひとつとして組み込む際の問題として，ファシリテーターの養成の問題がある。参加者が自分の特性に対する理解を深めるために，毎回参加者から出されるエピソードを即座にADHD特性の視点から解説する必要があるため，ファシリテーターに一定程度のADHD学生に対する理解が求められる。今後どのようにファシリテーターを養成していくかは大きな問題である。

**不注意による困難さを意識した介入プログラムの意義**
　プランニングスキルは，大学生活への適応や就職活動ばかりでなく，社会人になってからも重要なライフスキルであると同時に，ADHD特性をもつ学生が最も苦手とする能力である。本ワークショップは，ADHD特性を，対策の講じられない決定的な弱点としてではなく，有効な対策を適確に選ぶことによって乗り越えられるクセ（個性）としてとらえさせることによって，受容しやすい形での特性の気づきを促した。それによって現実よりも低くまたは高く見積もられた自己像を修正することができる可能性が示唆されたことは，今後の発達障害をもつ大学生への支援のヒントとなろう。グループやセッションの構成は今後の検討を要するが，自分の特性について普段から意識するという意味での危機感をもちつつ，自分の特性に有効なスキルによって対応策を実行できる自信をもつことで，自己決定し遂行する力を養うことは，大学生のキャリア教育としても有効であると考えられる。

## 第6節　第Ⅳ部のまとめ

　第Ⅳ部では，ADHD学生への支援につながる文献研究と具体的な心理教

育的介入プログラムの開発を試みた。

　第9章では，内外の発達障害に関する支援について簡単にまとめた。その中で，ADHDに特化した支援は，海外ではコーチングを中心に，主に修学支援という形で行われる報告がいくつか見られた。その際，単にスキルを伝えるだけではなく，自己理解を促し自分の特性と照らし合わせて可能な対策を練ること，他人と同じ方法で対応できないことは悪いことではないことなど，変容を促すことと変容させずに受容することとのバランスをとりながら自己肯定感を高める必要性が示唆された。これは，本研究の第8章，調査研究の結果とも一致している。

　そこで，第9章において，注意に困難さのある大学生への支援プログラム開発を試み，効果測定を行った。ADHD特性を，対策の講じられない決定的な弱点としてではなく，有効な対策を適確に選ぶことによって乗り越えられるクセ（個性）としてとらえさせることによって，受容しやすい形での特性の気づきを促し，現実よりも低く・高く見積もられた自己像を修正することができる可能性が示唆された。

# 第Ⅴ部

総　括

# 第11章　総合考察および今後の課題

## 第1節　本研究の総括および総合考察

　本研究では，まず一般大学生における ADHD 特性および関連する諸問題を，内外の文献をもとに展望した。次に，調査研究によって，一般大学生における ADHD 特性が，現在の大学生活上の主要な問題である進路決定に，心理社会的な発達にかかわる諸課題の達成状況を介してどのような影響をおよぼしているのか，探索的に検討した。さらに，文献研究および調査研究の結果に基づき，具体的な支援法を開発するため，注意に困難さのある大学生への支援を意図した心理教育的介入プログラムを作成し，その効果測定を試みた。

　第Ⅰ部では，ADHD に関する国内外の文献を展望し，青年期・成人期，および大学生に関する研究の動向を概観した。

　第1章では，日本における発達障害学生の現状について概観し，ADHD 学生の支援ニーズ理解の必要性を述べた。第2章では，ADHD の概念について障害としての定義を確認したうえで，ADHD の行動特性をスペクトラムで捉える岡野他（2004）の考え方を紹介し，ADHD の問題を行動特性としての ADHD 特性から捉えるため，本研究における定義を示した。第3章では，青年期および成人期の ADHD の特徴にふれ，有病率や臨床像などの特徴，治療法や評価方法などについてまとめた。青年期・成人期の ADHD では中核的な問題である不注意や多動性・衝動性の問題の他に，幼少からの失敗経験が積み重なり，自尊心の低下や抑うつ気分など情緒的問題により気分障害や不安障害のような状態を呈するが，これらを包括した Safren et al.

(2004) の成人の ADHD に特化した認知行動モデルを紹介した。第 4 章では，対象を大学生に絞り込み，ADHD 特性のある大学生のアセスメントや適応上の問題，治療・介入法などについて，国内外の研究動向をまとめた。自由度の高い大学生活を背景とした ADHD 特性にかかわる問題のリスク，ADHD 特性に起因した失敗の蓄積がもたらす精神的な問題，なかでも自己肯定感の低さを中心とした心的不適応感が彼らの大学生活に影響を及ぼしていることなどが確認された。特に，進路決定には困難さが大きく，向き合う姿勢そのものが形成されにくいことが指摘されていた。このような問題を抱えている学生の支援に関する報告は，10年ほど前は薬物療法の報告が中心だったが，近年では，心理社会的介入の報告および合理的配慮に関する報告が増加している。しかしながら，ADHD 特性がどのように大学生活上の適応に影響しているかを，その因果関係に踏み込んだ報告はごく僅かであった。

第Ⅱ部では，本研究の目的と基本的概念の定義を行った。

第 5 章では，一般大学生の ADHD 特性に着目し，ADHD 特性の強さが進路決定に及ぼす影響について，大学生の進路決定モデルを作成し，検証すること，そこで得られた知見を元に，具体的な支援プログラムの開発を試みるという本研究の目的を設定するとともに，基本概念の定義を説明した。

第Ⅲ部では，一般大学生を対象にセルフレポートによる調査を行い，ADHD 特性の特徴を把握し，大学生の進路決定に対する ADHD 特性の影響に関するモデルの検証を行った。

第 6 章では，調査に使用する尺度の作成，既存の尺度の妥当性および信頼性の確認を行った。大学生活上の困難に関する尺度では，大学生の ADHD 特性による問題として「プランニングの弱さ」，「行動抑止の困難」というスキルの拙さ，「不安」に象徴される心的不適応感の3つの要素からなる尺度を，また，進路決定状況尺度では，「回避」，「焦燥」，「模索」，「決定」の4つの要素からなる尺度を作成した。

第 7 章では，セルフレポートによる ADHD 特性尺度から対象とした大学

生のADHD特性を，分布の特徴および診断基準との関係から検討した．その結果，ADHD特性はスペクトラムとして分布しており，一部に臨床域レベルの特性の強い学生が存在し，近年その割合が高くなっていること，サブタイプとしては不注意優勢型が多いことが確認された．

第8章では，大学生のADHD特性が進路決定に与える影響について，作成したモデルを検討した．その結果，不注意が直接，あるいはスキルの拙さによる失敗や，蓄積された失敗経験を介して，心理社会的な発達課題の未発達に伴う同一性獲得の躓きを背景に心的不適応感を高じさせることで，進路決定は困難なものとなっていた．一方で，多動性・衝動性により対人関係における行動抑止の困難さが生じるものの，勤勉性の獲得に依拠した同一性の獲得も促され，不安が抑制されて進路決定に促進的な効果が生じる可能性も示唆された．モデルの検証によって，大学生への現時点における介入には4つのポイントがあることがわかった（Figure 5-1）．介入ポイント1は「不注意」という特性によるプランニングの弱さへの対応であり，弱点を補完するスキルを提供することでプランニング力を強化する．ポイント2は，プランニングの弱さが心的不適応につながらないような対応であり，たとえ，プランニングがうまくできなくても，自己否定に陥らないように情緒的な面での支援が考えられる．ポイント3は不注意が進路決定におよぼす直接的な負の影響への対応である．不注意が目立つ場合では，進路決定に向きあわずに先延ばしにしてしまう「回避」型の行動を選択されやすく，この点を考慮し進路決定に対する動機付けをいかに高めるかがポイントとなる．早期からの的確な情報提供など進路決定を適度に意識化させる工夫をキャリア教育の中で行うこともひとつの支援と考えられた．

介入ポイント1から3は，弱みを軽減するよう対策を練ることで失敗を回避する心理教育的介入といえる．これに対し，介入ポイント4は，多動性・衝動性が対人的な行動抑止の困難さをもたらすものの，勤勉性に与える正の影響に着目して，強みを活かす対応も重要である．過去からの失敗の積み重

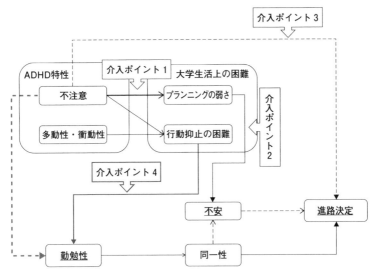

Figure 5-1　ADHD 特性が進路決定に与える影響と介入のポイント
注：実線は正，破線は負の影響を表す。

ねだけに注目するのではなく，発想を逆転させて，その特性の良さを積極性という点で肯定的に評価し，発達課題の達成感を獲得することも，大学生の進路決定のリスク要因である不安の軽減に役立つ可能性が示唆された。

　第Ⅲ部での調査研究の結果から，第Ⅲ部では，ADHD 特性の強い大学生に対する行動特性の把握とそれに基づくスキル習得にかかわるグループ学習活動という具体的支援策の開発を試み，その効果を確認した。Figure 5-1 における介入ポイント1と2を具現化したものである。その過程では，自身の ADHD 特性を理解した上で各人の認知行動面の特徴にあった対処法を選択し実行することが重要であった（介入ポイント1）。また，一定の理解のある保護された環境の下でのグループワークを通じて，自分の特性を肯定的に受け止め，やり直しができることが不安の軽減につながることを体験するといったことが，進路決定に促進的に作用する（介入ポイント2）などの実践的な効果が推察された。

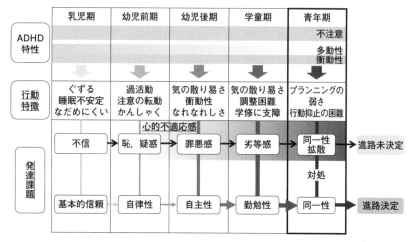

Figure 5-2　ADHD特性と発達課題との関係

　以上，潜在的なADHD学生に対する今後の支援の展開において，その手がかりとなりうるものと考えられた。

　Figure 5-2は，各発達段階における心理社会的危機とADHD特性のリスクを概観したモデル図である。青年期において進路決定を行うためには，同一性の獲得が必要とされるが，ADHD特性は，その前段階の発達課題の獲得を阻害するリスクがある。特に，学童期以降では勤勉性の獲得への負の影響により，いわば"労働麻痺"の状態につながる可能性がある（鑪，2002）。そのため，介入においては劣等感の克服につながるスキル獲得を通して進路決定に臨む姿勢そのものの認知の再体制化を図る支援が求められる。

## 第2節　今後の課題

　本研究は，ADHD学生の理解と支援において，特に潜在的支援ニーズの把握と"生きにくさ"を増幅する諸問題への予防的なアプローチに関し，新たな知見を加味するものであるが，その支援を確実なものにするためには，

以下のような課題もある。

（1）ADHD特性の測定方法について

　本研究では，DSM-Ⅳ-TRの診断項目に関するセルフレポートによって「不注意」と「多動性・衝動性」の影響を把握しようと試み，「不注意」の影響について確認することができたが，「多動性・衝動性」に関しては明確な影響を確認することはできず，DSM-Ⅳ-TRの診断項目のセルフレポートのみで把握することについては限界があった。今後，学習生活に関連する「多動性・衝動性」にかかわるを事項を独自に収集し，検討することでセルフレポートの拡張を図る，あるいは行動や神経生理学的指標と併せた多元的評価（例えば，Suzuki & Shinoda, 2010）の適用などを検討していくことも考えられる。DSM-5策定過程の検討では「多動性・衝動性」の項目数を増やして，これまでの様々な研究のなかで表現されてきた青年期や成人期の状態像が例として列挙されていたことから，今後情報が追加されていくことで，より正確な「多動性・衝動性」の把握が可能になるかもしれない。加えて，本研究で示唆された「多動性・衝動性」が発達課題の達成感を高める際，その背景要因として強く作用するものは何かより明らかにすることで，長所を活かす自助資源の活用という点で新たな示唆も得られるだろう。

　なお，セルフレポートの課題として，発達障害のある者は自己評価と他者評価にずれが少なくないことも指摘されており（Hoza et al., 2004など），質問紙の妥当性を確認するために，他の質問紙を用いた評価との間での丁寧な検証も必要であろう。

（2）モデルの精錬

　本研究で検討したモデルでは，モデルの構成概念の適切さ，およびモデル構造に関して以下の点では，検討の余地が残っている。

　モデルの構成概念については，「過去の否定的な体験」を「心理社会的発

達課題の達成感」において，また「(現在の)精神的問題」を心的不適応感である「不安」として捉えたが，このような仮定に拘泥されることも事実である。過去の経験がどの程度否定的な体験として現在の大学生の中に残存しているのか把握するために，心理社会的発達課題の達成感を用いるという着想の下で検証は進められたが，Eriksonが青年期の課題を，心理・社会的危機を乗り越え，自我の統合された状態としてのアイデンティティの達成を提言した時代と現代との相違も考慮すると，社会的な状況の相違までは調整できていないという制約は存在する。現代の大学生年齢（18歳から22歳）は，発達上，思春期と成人期の両方の特徴を併せ持つ状態と考えられており（八木・広瀬・楠本, 2011），各発達段階での発達課題の再考も必要であろう。ADHDのある者は，他者との関係性の中で否定的な自己評価を獲得しがちであることから，「個」と「関係性」からみたアイデンティティ（岡本, 1997；杉村, 1998, 2005）という視点からの新たなの尺度を導入することも一つの手段といえる。また，精神的問題では，ADHDのある成人の問題として頻繁に採り上げられる「怒り」の問題を本研究では十分に取り込むことができていない。海外の報告では，対人関係における攻撃的な行動がADHDのある大学生のひとつの特徴であるため，攻撃性の視点を組み込む必要もあろう。

　モデル構造については，スキルの拙さ（補償方略の使用の失敗）と心的不適応感（精神的問題）の関係において，スキルの拙さによる失敗が心的不適応感を起こしているものと仮定した。その理由は，スキルの拙さに関する質問項目はADHD特性によって惹起されがちな大学生活における失敗から構成されており，調査対象も大学3年生ゆえ，大学入学後の失敗経験に基づいてスキルの拙さを仮定したためである。しかし，Sufren et al. (2004) が指摘するような，本来的な心的不適応感があるために，スキルをうまく使えないということも考えられる。よって，スキルの拙さと心的不適応感が相互に関連することを仮定したモデルの検討も考えられる。なお，モデルに関する基本

的な部分での課題として，本研究で用いたモデルが問題の増幅する悪循環連鎖の解明に焦点化されている点がある。本研究で参考としたモデルは障害のある成人を対象としたモデルであるため，行動特性の悪循環の側面を把握する因果関係を想定し検討することとなったが，幅広く大学生一般を対象としてその行動特性を捉える包括的な検討としては不十分である。しかしながら，「行動抑止の困難」が「勤勉性」を高めるといった肯定的な側面も一定程度確認できたことから，「不注意」や「多動性・衝動性」といった行動特性の大学生活への適応に寄与する側面も含めたより包括的なモデルへと改変しうる可能性もある。強みとなるストレングスの活用という点での支援の糸口としても，着目していきたいところである。

(3) 介入プログラムの実施上の問題

本研究で作成したプログラムでは，肯定的フィードバックを基本に据えたグループ学習場面において，具体的なプランニング法を獲得する活動を通して，自己理解の深化とスキル向上および不安の軽減という効果を確認した。石井（2010）は，障害者雇用の面接で合格する人の共通点に①障害を受容している，②障害の特性の分析ができている，③希望する配慮を具体的に説明できる，④過去の職場での不適応の経験をきちんと説明できるの4点をあげている。これらの点は，障害特性を含めた自己理解と対処法の獲得した上で，それを適切に伝える能力が必要なことを指摘しているが，本プログラムで獲得する内容はこれに応えうる共通の要素を有しているともいえる。ただし，現時点では実施にはいくつかの課題も存在する。ひとつは，学生への負担である。質問紙の他，認知検査等多くのアセスメントを実施すること，毎週1回で計4回となるワークショップに割く時間を参加する複数の学生と調整して確保することは，授業の負担も増大している現在の学生にとってかなり困難なことである。さらに，よりアクセシブルなプログラムとするためには，短縮版の作成や，自宅からでも参加できるような遠隔対応のグループワーク

システムなど，現実的な検討事項も少なくない。

　また，本研究で開発したワークショップをキャリア教育の一環としてどのように位置づけるのかという視点からの課題もある。小川・柴田・松尾（2006）は，就労上の課題は，①職業意識の形成，②求職行動，③職場における課題があり，これらの課題をみこしたキャリア教育が必要であると指摘している。この視点から考えると本研究で開発したワークショップは，対象者である大学3年生の職業意識としては十分に形成されていないという調査結果を前提に，求職行動をみこした職業意識の形成をねらいとするワークショップと位置づけられる。しかし，3年生という時期には，すでにインターンシップが開始され，具体的な行動をとる必要があり，開催のタイミングとしてはやや遅い。できれば，キャリア教育の一環として，1・2年のうちに行う方が有効と考えられる。また，求職行動や就職後の適応をテーマとした支援についても順次検討していく必要があろう。

（4）併存障害への考慮

　ADHDは成人において，71.1%にうつ病などの精神障害の合併症が認めるとの報告がある（斉藤，2013）。自閉性スペクトラム障害との併存が多いということは臨床場面では知られていたが（Kooij, Middelkoop, van Gils, & Buitelaar, 2001），実際には，ADHDと自閉性スペクトラム障害は異なった注意の問題を抱えているとの指摘も少なくない（May, Rinehart, Wilding, & Cornish, 2013；Richard & Lajiness-O'Neill, 2015）。大学生の職業決定に自閉症スペクトラム傾向の「注意の切替」と「コミュニケーションの問題」が不安を通して影響を与えているという報告もある（石井ら，2015）。今回の介入プログラムではADHD特性としての注意に焦点をあてたが，併存の可能性にも注目すると，自閉症スペクトラム障害に多い注意の特徴，たとえば，セット転換の難しさなども組み込んだ包括的な支援につながるプログラムに発展させていくことも，支援ニーズとより整合するものと考えられる。

日本では2016年4月の障害者差別解消法の施行により，大学における障害学生に対する合理的配慮の提供は，ほぼ義務化されている。特に発達障害に関しては，支援対象は必ずしも診断を必要としておらず，障害特性に基づく困難さへの支援が求められている。近年進展の著しい大学における障害のある学生支援の領域で集積されつつある実践を眺めると，ADHDや自閉症スペクトラム障害などの発達障害においては，そのスペクトラム性にかかわる予防的介入と強みを活かした職能開発への潜在的ニーズは少なくないものと考えられる国内でも，障害の有無で支援を分けず，大学生一般を対象とした教育保障の中に，障害特性の理解と支援を組み込むユニバーサルデザイン教育の展開に歩調を合わせた心理教育・心理社会的支援が求められていることを実感する。

## 引 用 文 献

Achenbach, T. N., Howell, C. T., McConaughy, S. H., & Stranger, C. (1995). Six-year predictors of problems in a national sample of children and youth: I. Cross-informant syndromes. *Journal of the American Academy of Child and Adolescent Psychiatry*, 34, 336-347.

Able S. L., Johnston J. A., Adler L. A., & Swindle R. W. (2007). Functional and psychosocial impairment in adults with undiagnosed ADHD. *Psychological Medicine.* 37(1), 97-107.

Advokat, C., Lane, S. M., & Luo, C. (2010). College Students With and Without ADHD: Comparison of Self Report of Medication Usage, Study Habits, and Academic Achievement. *Journal of Attention Disorders*, 15, 656-666.

相原正男（2009）．小児の前頭葉機能評価法　認知神経科学, 11, 44-47.

Alexander, S. J., & Harrison, A. G. (2013). Cognitive Responses to Stress, Depression, and Anxiety and Their Relationship to ADHD Symptoms in First Year Psychology Students. *Journal of Attention Disorders*, 17(1), 29-37.

American Psychiatric Association. (2000). *Diagnostic and statistical manual of mental disorders*, (4th ed.). Washington, DC: American Psychiatric Association.

American Psychiatric Association (2013). *Diagnostic and statistical manual of mental disorders*, (5th ed.). Washington, DC: American Psychiatric Association.

Arria, A. M., Garnier-Dykstra, L. M., Caldeira, K. M., Vincent, K. B., O'Grady, K. E., & Wish, E. D. (2011). Persistent nonmedical use of prescription stimulants among college students: Possible association with ADHD symptoms. *Journal of Attention Disorders*, 15, 347-356.

浅倉ユキ（2012）．あな吉さんの主婦のための幸せを呼ぶ！手帳術　カラー実践版　主婦と生活社

Baker, L., Prevatt, F., & Proctor, B. (2012). Drug and Alcohol Use in College Students With and Without ADHD. *Journal of Attention Disorders*, 16, 255-263.

Barkley, R. A. (1998). *Attention deficit hyperactivity disorder: A handbook for diagnosis and treatment* (2nd ed.). New York: Guilford Press.

Barkley, R. A. (2012). *Executive Functions: What They Are, How They Work, and*

*Why They Evolved.* New York: Guilford Press.
Barkley, R. A., Fischer, M., Smallish, L., & Fletcher, K. (2002). The persistence of attention-deficit/hyperactivity disorder into young adulthood as a function of reporting source and definition of the disorder. *Journal of Abnormal Psychology*, 111, 279-289.
Barkley, R. A., & Murphy, K. R. (2006). *Attention-deficit hyperactivity disorder: A clinical workbook* (3rd ed.). New York: Guilford Press.
Barkley, R. A., Murphy, K. R., DuPaul, D. J., & Bush, T. (2002). Driving in young adults with attention deficit hyperactivity disorder: Knowledge, performance, adverse outcomes, and the role of executive functioning. *Journal of the International Neuropsychological Society*, 8, 655-672.
Barkley, R. A., Murphy, K. R., & Kwasnik (1996). Psychological adjustment and adaptive impairments in young adults with ADHD. *Journal of Attention Disorders*, 1(1), 41-54.
Biederman, J., Mick, E., & Faraone, S. V. (2000). Age-dependent decline of symptoms of attention deficit hyperactivity disorder: impact of remission definition and symptom type. *The American Journal of Psychiatry*, 157, 816-818.
Blasé, S. L., Gilbert, A. N., Anastopoulos, A. D., Costello, E. J., Hoyle, R. H., Swartzwelder, H. S., & Rabiner, D. L. (2009). Self-Reported ADHD and Adjustment in College: Cross-sectional and Longitudinal Findings. *Journal of Attention Disorders*, 13(3), 297-309.
Canu, W. H., & Carlson, C. L. (2003). Differences in heterosocial behavior and outcomes of ADHD-symptomatic subtypes in a college sample. *Journal of Attention Disorders*, 6, 123-133.
Chartrand, J. M., Robbins, S. B., Morrill, W. H., & Boggs, K. (1990). Development and Validation of the Career Factors Inventory. *Journal of Counseling Psychology*, 37, 491-501.
Chew, B. L., Jensen, S. A., & Rosén, L. A. (2009). College Students' Attitudes Toward Their ADHD Peers. *Journal of Attention Disorders*, 13, 271-276.
Cloninger, C. R., Svrakic, D. M., & Przybeck, T. R. (1993). A psychobiological model of temperament and character. *Archives of General Psychiatry*, 50, 975-990.
Cohen, A. L., & Shapiro, S. K. (2007). Exploring the Performance Differences on the Flicker Task and the Conners' Continuous Performance Test in Adults

With ADHD. *Journal of Attention Disorders*, 11, 49-63

Cohen, C. R., Chartrand, J. M., & Jowdy, D. P. (1995). Relationships between career indecision subtypes and ego identity development. *Journal of Counseling Psychology*, 42, 440-447.

Conners, C. K., Erhardt, D., & Sparrow, E. (1999). *Conners' Adult ADHD Rating Scales: Technical manual.* North Tonawanda, NY: Multi-Health Systems.（コナーズ C. K.・エーハート D.・スパロー E. 中村和彦・染木史緒・大西将史（監訳）（2012）．CAARS™ 日本語版マニュアル　金子書房）

Davis, J. M., Cheung, S. F., Takahashi, T., Shinoda, H., & Lindstrom, W. A. (2011). Deficit/Hyperactivity Disorder factors in Japanese and U.S. university students. *Research in Developmental Disabilities*, 32(6), 2972-2980.

Deal, L. S., Sleeper-Triplett, J., DiBenedetti, D. B., Nelson, L., McLeod L., Haydysch, E. E., & Brown, T. M. (2015). Development and Validation of the ADHD Benefits of Coaching Scale (ABCS). *Journal of Attention Disorders*, 19(3), 191-199.

独立行政法人国立特殊教育総合研究所（2007）．発達障害のある学生支援ケースブック－支援の実際とポイント－　ジアース教育新社

独立行政法人日本学生支援機構（2008-2014）．大学・短期大学・高等専門学校における障害学生の修学支援に関する実態調査結果報告書
http://www.jasso.go.jp/tokubetsu_shien/documents/2008houkoku.pdf.
http://www.jasso.go.jp/tokubetsu_shien/documents/2014houkoku.pdf.

Dooling-Litfin, J. K., & Rosen, L. A. (1997). Self-esteem in college students with a history of attention deficit hyperactivity disorder. *Journal of College Student Psychotherapy*, 11, 69-83.

DuPaul, G. J., Weyandt, L. L., O'Dell, S. M., & Varejao, M. (2009). College with ADHD: Current status and future directions. *Journal of Attention Disorders*, 13, 234-250.

榎戸芙佐子（1999）．注意欠陥多動性障害（ADHD）の臨床症状と長期経過における適応性　児童青年精神医学とその近接領域，40(4)，369-385.

Erikson, E. H. (1959). Identity and the life cycle. Psychological issues, No. 1. New York: International Universities Press.（エリクソン E. H.　小此木啓吾（訳編）（1973）．自我同一性－アイデンティティとライフサイクル－　誠信書房）

Farmer, J. L., Allsopp, D. H., & Ferron, J. M. (2015). Impact of The Personal Strengths Program on Self-Determination Levels of College Students With LD and/or ADHD. *Learning Disability Quarterly*, 38(3), 145-159.

Fleming, A. P., McMahon, R. J., Moran, L. R., Peterson, A. P., & Dreessen, A. (2015). Pilot Randomized Controlled Trial of Dialectical Behavior Therapy Group Skills Training for ADHD Among College Students. *Journal of Attention Disorders*, 19(3), 260-271.

藤生英行 (1991). 挙手と自己効力, 結果予期, 期待価値との関連性についての検討 教育心理学研究, 39, 92-101.

福井俊哉 (2010). 遂行 (実行) 機能をめぐって 認知神経科学, 12, 156-164.

Glutting, J., Sheslow, D., & Adams, W. (2002). *CARE: College ADHD response evaluation.* Wilmington, DE: Wide Range

Gordon, M., Antshel, K., Faraone, S., Barkley, R., Lewandowski, L., Hudziak, J. J., Biederman, J., & Cunningham, C. (2006). Symptoms versus impairment: the case for respecting DSM-IV's Criterion D. *Journal of Attention Disorders*, 9, 465-475.

Gormley, M. J., Pinho, T., Pollack, B., Puzino, K., Franklin, M. K., Busch, C., …, Anastopoulos, A. D. (2015). Impact of Study Skills and Parent Education on First-Year GPA Among College Students With and Without ADHD: A Moderated Mediation Model. *Journal of Attention Disorders*, doi: 10.1177/1087054715594422.

Goudreau, S. B., & Knight, M. (2015). Executive Function Coaching: Assisting With Transitioning From Secondary to Postsecondary Education. Journal of Attention Disorders, doi: 10.1177/1087054715583355.

Grenwald-Mayes, G. (2002). Relationship between current quality of life and family of origin dynamics for college students with Attention-Deficit/Hyperactivity Disorder. *Journal of Attention Disorders*, 5, 211-222.

Gropper, R. J., Gotlieb, H., Kronitz, R., Tannock, R. (2014). Working Memory Training in College Students With ADHD or LD. *Journal of Attention Disorders*, 18 (4), 331-345.

Hallowell, E. M., & Ratey, J. I. (1994). Driven to Distraction: Recognizing and Coping With Attention Deficit Disorder from Childrhood Through Adulthood. Fireside Books. (ハロウェル. E. M. and レイティ. J. I. 司馬恵理子 (訳) (1998). へんてこな贈り物 誤解されやすいあなたに—注意欠陥・多動性障害とのつきあい方 インターメディカル)

Harrison, A. G., Green, P., & Flaro, L. (2012). The importance of symptom validity testing in adolescents and young adults undergoing assessments for learning or attention difficulties. *Canadian Journal of School Psychology*, **27**(1) 98-113.

Heilegenstein, E., Conyers, L. M., Berns, A. R., & Smith, M. A. (1998). Preliminary normative data on DSM-IV attention deficit hyperactivity disorder in college students. *Journal of American College Health*, **46**, 185-188.

Heilegenstein, E., & Keeling, R. P. (1995). Presentation of unrecognized attention deficit hyperactivity disorder in college students. *Journal of American College Health*, **43**, 226-228.

東清和・安達智子（2003）．大学生の職業意識の発達―最近の調査データの分析から　学文社

広瀬香織（2008）．大学生における意思決定困難と注意機能との関連について(2)　日本心理臨床学会第27回大会発表論文集，187．

広瀬香織（2011）．大学生における進路不決断と実行注意制御の関連　四天王寺大学紀要，**51**，107-118．

本多陽子（2004）．大学生における進路決定に関する信念の特徴　日本青年心理学会第12回大会発表論文集　68-69．

Hoza, B., Gerdes, A. C., Hinshaw, S. P., Arnold, L. E., Pelham, W. E., Molina, B. S. G., ⋯ & Wigal, T., (2004). Self-Perceptions of Competence in Children With ADHD and Comparison Children. *Journal of Consulting and Clinical Psychology*, **72**(3), 382-391.

Huggins, S. P., Rooney M. E., & Chronis-Tuscano A. (2015). Risky Sexual Behavior Among College Students With ADHD: Is the Mother-Child Relationship Protective? *Journal of Attention Disorders*, **19**(3), 240-250.

石井京子（2010）．人材紹介のプロがつくった発達障害の人の就活ノート　弘文堂

石井正博・篠田晴男・篠田直子（2015）．大学生における自閉性スペクトラム障害傾向と職業決定との関連：情動知能を介した検討，**13**(1)，5-12．

石井礼花・金生由紀子（2010）．ADHDの診断分類の課題　DSM-5に向けて　精神科治療学，**25**(6)，719-726．

岩渕未紗・高橋知音（2011）．ADHD的傾向から来る困り感を抱える大学生に対する支援―プランニング能力の苦手さから来る困り感を軽減するプログラムの開発―　日本心理臨床学会大会論文集

金井智恵子・岩波明（2013）．総合的な治療プログラム　樋口輝彦・斎藤万比古（編）

成人期ADHD診療ガイドブック（pp. 97-101） じほう
上林靖子（2008）．子どもの発達とADHD．齋藤万比古・渡部京太（編） 注意欠如・多動性障害－ADHD－の診断・治療ガイドライン（pp. 33-35） じほう
笠原嘉（1984）．アパシー・シンドローム 岩波書店
片岡美華（2007）．学習障害のある学生への支援モデル－米国ランドマーク大学の例より－ 鹿児島大学教育学部研究紀要－教育科学編－, 59, 37-47.
加藤昭吉（2007）．「計画力」を強くする－あなたの計画はなぜ挫折するか（ブルーバックス） 講談社
川合紀宗（2009）．IDEA 2004の制定に伴う合衆国における障害判定・評価の在り方の変容について 特別支援教育実践センター研究紀要, 7, 59-68.
経済産業省（2006）．社会人基礎力に関する緊急調査
Kessler, R. C., Adler, L., Ames, M., Demler, O., Faraone, S., Hiripi, E., …Walters, E. E. (2005). The World Health Organization Adult ADHD Self-Report Scale (ASRS). *Psychological Medicine*, 35, 245-256.
木島伸彦・齋藤令衣・竹内美香・吉野相英・大野裕・加藤元一郎・北村俊則（1996）．Cloningerの気質と性格の7次元モデルおよび日本語版 Temperament and Character Inventory（TCI） 季刊精神科診断学, 7, 379-399.
Kollins, S. H. (2008). ADHD, Substance Use Disorders, and Psychostimulant Treatment: Current Literature and Treatment Guidelines. *Journal of Attention Disorders*, 12, 115-125.
Kooij, J. J., Middelkoop, H. A., van Gils, K., & Buitelaar, J. K. (2001). The effect of stimulants on nocturnal motor activity and sleep quality in adults with ADHD: an open-label case-control study. *Journal of Clinical Psychiatry*, 62(12), 952-956.
倉本英彦・上林靖子・中田洋二郎（1999）．Youth Self Report（YSR）日本語版の標準化の試み－YSR問題因子尺度を中心に 児童青年精神医学とその近接領域, 40, 329-344.
Ladner, J. M., Schulenberg, S. E., Smith, C. V., & Dunaway, M. H. (2011). Assessing AD/HD in College Students: Psychometric Properties of the Barkley Self-Report Form. *Measurement and Evaluation in Counseling and Development*, 44, 215-224.
Lahav, O., Ben-Simon, A., Inbar-Weiss, N., & Katz, N. (2015). Weekly Calendar Planning Activity for University Students: Comparison of Individuals With and Without ADHD by Gender. *Journal of Attention Disorders*, doi: 10.1177/

1087054714564621.

Lewandowski, L. J., Gathje, R. A., Lovett, B. J., & Gordon, B. J. (2013). Test-Taking Skills in College Students With and Without ADHD. *Journal of Psychoeducational Assessment*, 31, 41-52.

Lewandowski, L. J., Lovett, B. J., Codding, R. S., & Gordon, M. (2008). Symptoms of ADHD and Academic Concerns in College Students With and Without ADHD Diagnoses. *Journal of Attention Disorders*, 12, 156-161.

Linehan, M. M. (1993). *Skills Training Manual for Treating Borderline Personality Disorder*. The Guilford Press. New York (マーシャ・M. リネハン　小野和哉（翻訳）(2007)．弁証法的行動療法実践マニュアル－境界性パーソナリティ障害への新しいアプローチ　金剛出版)

Lovett, B. J., & Leja, A. M. (2015). ADHD Symptoms and Benefit From Extended Time Testing Accommodations. *Journal of Attention Disorders*, 19(2), 167-172.

Mannuzza, S., Klein, R. G., Bessler, A., Malloy, P., & LaPadula, M. (1998). Adult psychiatric status of hyperactive boys grown up. *American Journal of Psychiatry*, 155, 93-498.

May, T., Rinehart, N., Wilding, J., & Cornish, K. (2013). The role of attention in the academic attainment of children with Autism Spectrum Disorder. *Journal of Autism and Developmental Disorders*, 43(9), 2147-2158.

McKee, T. E. (2011). Examining the Dimensionality of ADHD Symptomatology in Young Adults Using Factor Analysis and Outcome Prediction. *Journal of Attention Disorders*, 11, 677-688.

McKee, T. E. (2017). Peer Relationships in Undergraduates With ADHD Symptomatology: Selection and Quality of Friendships. *Journal of Attention Disorders*, 21(2), 1020-1029.

宮尾益知（2000）．自分をコントロールできないこどもたち　注意欠陥・多動性障害（ADHD）とは何か？　講談社

水野薫・西村優紀美（2011）．発達障害のある大学生への小集団による心理療育的アプローチ　学園の臨床研究, 10, 51-59.

文部科学省（2005）．発達障害者支援法の施行について　17文科初第16号厚生労働省発障第0401008号　http://www.mext.go.jp/b_menu/hakusho/nc/06050816.htm

文部科学省（2006）．小学校・中学校・高等学校　キャリア教育推進の手引－児童生徒一人一人の勤労観，職業観を育てるために－

http://www.mext.go.jp/a_menu/shotou/career/070815/all.pdf

文部科学省（2014）．学校基本調査―平成26年（確定値）結果の概要― II調査結果の概要（初等中等教育機関，専修学校・各種学校）
http://www.mext.go.jp/component/b_menu/other/__icsFiles/afieldfile/2014/12/19/1354124_2_1.pdf

Murphy, K., & Barkley, R. A. (1996). Prevalence of DSM-IV symptoms of ADHD in adult licensed drivers: Implications for clinical diagnosis. *Journal of Attention Disorders*, 1, 147-161.

Musso, M. W., & Gouvier, W. D. (2014). "Why is this so hard?" A review of detection of malingered ADHD in college students. *Journal of Attention Disorders*, 18(3), 186-201.

Musso, M. W., Hill, B. D., Barker, A. A., Pella, R. D., & Gouvier, W. D. (2014). Utility of the Personality Assessment Inventory for Detecting Malingered ADHD in College Students. *Journal of Attention Disorders*, doi: 10.1177/1087054714548031

楠奥繁則（2005）．大学生の進路選択における自己効力の阻害要因に関する一考察　立命館経営学, 44, 105-123.

中村和彦（2013）．成人期ADHDの疫学と予後　樋口輝彦・斎藤万比古（編）　成人期ADHD診療ガイドブック（pp. 30-39）　じほう

中西信男・佐方哲彦（2002）．EPSI―エリクソン心理社会的段階目録検査　上里一郎（監修）心理アセスメントハンドブック第2版（pp. 365-376）　西村書店

Nelson, J. M., Whipple, B., Lindstrom, W., & Foels, P. A. (2014). How Is ADHD Assessed and Documented? Examination of Psychological Reports Submitted to Determine Eligibility for Postsecondary Disability. *Journal of Attention Disorders*, doi: 10.1177/1087054714561860

Nevo, O. (1987). Irrational expectations in career counseling and their confronting arguments. *Career Development Quarterly*, 35, 349-350.

Norwalk, K., Norvilitis, J. M., & MacLean, M. G. (2009). ADHD Symptomatology and Its Relationship to Factors Associated With College Adjustment. *Journal of Attention Disorders*, 13(3), 251-258.

Ochse, R., & Plug, C. (1986). Cross-Cultural Investigation of the Validity of Erikson's Theory of Personality Development. *Journal of Personality and Social Psychology*, 50, 1240-1252.

小川浩・柴田珠里・松尾江奈（2006）．高機能広汎性発達障害者の職業的自立に向け

ての支援　LD 研究, 15(3), 312-318.

岡本祐子 (1997). 中年からのアイデンティティ発達の心理学　ナカニシヤ出版

岡野高明・高梨靖子・宮下伯容・國井泰人・石川大道・増子博文・丹羽真一 (2004). 成人における ADHD, 高機能広汎性発達障害など発達障害のパーソナリティ形成への影響―成人パーソナリティ障害との関連―　精神科治療学, 19, 443-442.

沖律子 (2014). 大学における発達障害学生支援の文献研究から―支援の実際と課題―　鈴鹿国際大学紀要, 21, 159-176.

Parker, D. R., Hoffman, S. F., Sawilowsky, S., & Rolands, L. R. (2013). Self-Control in Postsecondary Settings: Students' Perceptions of ADHD College Coaching. *Journal of Attention Disorders*, 17(3), 215-232.

Peterkin, A. L., Crone, C. C., Sheridan, M. J., & Wise, T. N. (2010). Cognitive Performance Enhancement: Misuse or Self-Treatment? *Journal of Attention Disorders*, 15, 263-268.

Prevatt, F., Lampropoulos, G. K., Bowles, V., & Garrett, L. (2011). The Use of Between Session Assignments in ADHD Coaching With College Students. *Journal of Attention Disorders*, 15, 18-27.

Prevatt, F., Proctor, B., Baker, L., Garrett, L., & Yelland, S. (2011). Time Estimation Abilities of College Students With ADHD. *Journal of Attention Disorders*, 15, 531-538.

Prevatt, P., & Yelland, S. (2015). An Empirical Evaluation of ADHD Coaching in College Students. *Journal of Attention Disorders*, 19(8). 666-677.

Quinn, P. O., Ratey, N. A., & Maitland, T. L. (2000). *Coaching College Students with AD/HD: issues and answers Advantage books*, UC., Washington DC（クイン, P. O.・レイティ, N. A.・メイトランド, T. L.　篠田晴男・高橋知音（監訳）　ハリス淳子（訳）(2011). ADHD コーチング　大学生活を成功に導く援助技法　明石書店）

Rabiner, D., Anastopoulos, A. D., Costello, J., Hoyle, R. H., & Swartzwelder, H. S. (2008). Adjustment to College in Students With ADHD. *Journal of Attention Disorders*, 11, 689-699.

Rabiner, D., Anastopoulos, A. D., Costello, J., Hoyle, R. H., & Swartzwelder, H. S. (2010). Predictors of Nonmedical ADHD Medication Use by College Students. *Journal of Attention Disorders*, 13, 640-648.

Rabiner D., Anastopoulos A. D., Costello J., Hoyle R. H., McCabe S. E., & Swartzwelder H. S. (2009a). The Misuse and Diversion of Prescribed ADHD Medications by College Students. *Journal of Attention Disorders*, 13, 144-153.

Rabiner D., Anastopoulos A. D., Costello J., Hoyle R. H., McCabe S. E., & Swartzwelder H. S. (2009b). Motives and Perceived Consequences of Nonmedical ADHD Medication Use by College Students: Are Students Treating Themselves for Attention Problems? *Journal of Attention Disorders*, 13, 259-270.

Ramirez, C. A., Rosen, L. A., Deffenbacher, J. F., Hurst, H., Nicoletta, C., & Rosencranz, T. (1997). Anger and anger expression in adults with high ADHD symptoms. *Journal of Attention Disorders*, 2, 115-128.

Raue, K., & Lewis, L. (2011). *Students with Disabilities at Degree-Granting Postsecondary Institutions.* (NCES 2011-018). U.S. Department of Education. National Center for Education Statistics. Washington. DC; U.S. Government Printing Office.

Richard, A. E., & Lajiness-O'Neill, R. (2015). Visual attention shifting in autism spectrum disorders. *Journal of Clinical and Experimental Neuropsychology*, 37 (7), 671-687.

Richards, T., Rosen, L., & Ramirez, C. (1999). Psychological functioning differences among college students with confirmed ADHD, ADHD by self-report only, and without ADHD. *Journal of College Student Development*, 40, 299-304.

リクルートワークス研究所 (2008). 第25回ワークス大卒求人倍率調査 (2009年卒)

Sacchetti, G. M., & Lefler, E. K. (2014). ADHD Symptomology and Social Functioning in College Students. *Journal of Attention Disorders*, doi: 10.1177/1087054714557355.

Safren, S. A., Sprich, S., Chulvick, S., & Otto, M. W. (2004). Psychosocial treatments for adults with attention-deficit/hyperactivity disorder. *Psychiatric Clinics of North America*, 27, 349-60.

坂井聡 (2007). 発達障がいと学生相談　精神療法, 50(7), 661-668.

齊藤万比古 (2010). ADHDをめぐって　現状と課題　児童青年精神医学とその近接領域, 51, 67-76.

齊藤万比古・青木桃子 (2010). ADHDの二次障害, 精神科治療学, 25, 787-792.

斎藤清二 (2008). 「オフ」と「オン」の調和による学生支援－発達障害傾向を持った大学生へのトータル・コミュニケーション支援－　大学と学生, 60, 16-22.

齊藤卓弥 (2013). 成人期ADHDの併存障害　総合的な治療プログラム　樋口輝

彦・齊藤万比古（編）　成人期 ADHD 診療ガイドブック（pp. 67-78）　じほう

佐々木正美・梅永雄二（2010）．大学生の発達障害　講談社

佐藤克敏・徳永豊（2006）．高等教育機関における発達障害学生に対する支援の現状　特殊教育学研究，44，157-163．

Scheithauer, M. C., & Kelley, M. L. (2014). Self-Monitoring by College Students With ADHD: The Impact on Academic Performance. *Journal of Attention Disorders*, doi: 10.1177/1087054714553050.

Schwanz, K. A., Palm, L. J., & Brallier, S. A. (2007). Attention Problems and Hyperactivity as Predictors of College Grade Point Average. *Journal of Attention Disorders*, 11, 368-373.

下村英雄（2002）．「フリーターの職業意識とその形成過程－『やりたいこと』志向の虚実」小杉礼子編『自由の代償／フリーター―現代若者の就業意識と行動』　労働政策研究・研修機構，75-99．

下山晴彦（1986）．大学生の職業未決定の研究　教育心理学研究，34，20-30．

篠田晴男（2011）．青年期の発達障害を支援する：米国の大学における発達障害のある学生支援の展開から　心と社会，42(2)，89-95．

篠田直子（2008）．大学生の ADHD 特性が進路未決定に与える影響　目白大学修士論文（未公刊）

篠田直子・沢崎達夫（2015）．ADHD 特性が大学生の進路決定におよぼす影響－大学生活上の困難を媒介として－　目白大学心理学研究，11，41-54．

篠田直子・沢崎達夫・石井正博（2013）．注意に困難さのある大学生への支援プログラム開発の試み　目白大学心理学研究，9，91-105．

篠田直子・沢崎達夫・篠田晴男（2015）．不注意と多動性・衝動性の自覚の強さが大学生活における心的不適応感に与える影響　カウンセリング研究，48(1)，20-31．

篠田直子・篠田晴男・橋本志保・高橋知音（2001）．大学生における AD(H)D 特性に関する基礎的検討　茨城大学教育実践研究，20，213-226．

篠田直子・篠田晴男・高橋知音（2001）．大学生のメンタルヘルスと AD(H)D 特性に関する基礎的検討　日本カウンセリング学会第34回大会発表論文集，382-383．

篠田直子・高橋知音（2003）．大学生の AD(H)D 特性とメンタルヘルスーチェックリストの作成と特性に応じた支援の提案－　日本カウンセリング学会第36回大会発表論文集，216-217．

Simon, V., Czobor, P., Bálint, S., Mészáros, A., & Bitter, I. (2009). Prevalence and correlates of adult attention-deficit hyperactivity disorder: meta-analysis. *Journal of Psychiatry, **94**(3), 204-211.

Simon-Dack, L., Rodriguez, P. D., Marcum, G. D. (2014). Study Habits, Motives, and Strategies of College Students With Symptoms of ADHD. *Journal of Attention Disorders*, doi: 10.1177/1087054714543369.

杉村和美 (1998). 青年期におけるアイデンティティの形成：関係性の観点からの捉え直し　発達心理学研究, **9**, 45-55.

杉村和美 (2005). 女子青年のアイデンティティ探究―関係性の観点から見た2年間の縦断研究―　風間書房

Suzuki, K., & Shinoda, H. (2010). Error-related Components and Impulsivity related to Speed and to Accuracy Trade-off. *HUMAN COGNITIVE NEUROPHYSIOLOGY*, **3**(1), 26-36.

高橋知音・小林正信 (2004). 4段階評定による新UPIの開発―信頼性、妥当性の検討と下位尺度の構成―　*Campus Health*, **41**(2), 69-74.

高橋知音・篠田晴男 (2001). 大学生のためのADHD傾向チェックリストの作成　第10回日本LD学会大会発表論文集, 230-233.

高橋知音・篠田晴男・Davis, M. J. (2001). 学習障害を持つ大学生の評価と援助（I）―ジョージア大学LDセンター評価部門の実践―　信州大学教育学部紀要, **103**, 209-218.

竹山佳江 (2007). 発達障害の学生への支援の現状について　学生相談センター紀要, **17**, 73-78.

田中康雄 (2004). 成人におけるADHDの診断の鍵と限界吟味　精神科治療学, **19**, 457-464.

田中康雄 (2012).「主たる精神医学的問題がADHDの特徴だけを持つ成人」の生きづらさ　精神科治療学, **27**(5), 571-577.

田中康雄 (2013). 生活障害の視点からみた成人期のADHD. 精神科治療学, **28**, 259-265

鑪幹八郎 (2002). アイデンティティとライフサイクル論　ナカニシヤ出版

Taylor, K. M., & Betz, N. E. (1983). Applications of self-efficacy theory to the understanding and treatment of career indecision. *Journal of Vocational Behavior*, **22**, 63-81.

Theriault, S. W., & Holmberg, D. (2001). Impulsive but violent? Are components of the Attention Deficit-Hyperactivity Syndrome associated with aggression in relationships? *Violence Against Women*, **7**, 1464-1489.

遠矢浩一（2002）．不注意，多動性，衝動性傾向を認識する青年の心理・社会的不適応感　必要な心理的サポートとは何か？　心理臨床学研究，**20**(4)，372-383.

Turnock, P., Rosen, L. A., & Kaminski, P. L. (1998). Differences in Academic Coping Strategies of College Students Who Self-Report High and Low Symptoms of Attention Deficit Hyperactivity Disorder. *Journal of College Student Development*, **39**, 484-493.

浦上昌則（1995）．女子短期大学生の進路選択に対する自己効力と職業不決断—Taylor & Betz（1983）の追試的検討　進路指導研究，**16**，40-45.

Wang, S., Shi, M., & Chen, H. (2010). Ego identity development and its relation to emotional adjustment in college students. *Chinese Journal of Clinical Psychology*, **18**(2), 215-218.

Ward, M. F., Wender, P. H., & Reimherr, F. W. (1993). The Wender Utah Rating Scale: an aid in the retrospective diagnosis of childhood attention deficit hyperactivity disorder. *The American Journal of Psychiatry*, **150**(6), 885-890.

渡部京太・齊藤万比古（2004）．成人におけるADD，ADHDの精神病理　精神科治療学，**19**(4)，425-432.

Weiss, M. D., & Weiss, J. R. (2004). A guide to the treatment of adults with ADHD. *Journal of Clinical Psychiatry*, **65**, 23-37.

Wender, P. H. (1995). *Attention-Deficit Hyperactivity Disorder in Adults*. Oxford University Press, Oxford.（ヴェンダー P. H.　福島章・延与和子（訳）（2002）．成人期のADHD　病理と治療　新曜社）

Wender, P. H. (1998). Pharmacotherapy of attention-deficit/hyperactivity disorder in adults. *Journal of Clinical Psychiatry*, **59**, 76-79.

Weyandt, L. L., & DuPaul, G. (2006). ADHD in College Students. *Journal of Attention Disorders*, **10**, 9-19.

Weyandt, L. L., Iwaszuk, W., Fulton, K., Ollerton, M., Beatty, N., Fouts, H., Schepman, S., & Greenlaw, S. (2003). The Internal Restlessness Scale: Performance of college students with and without ADHD. *Journal of Learning Disabilities*, **36**, 382-389.

Weyandt, L. L., Janusis, G., Wilson, K. G., Verdi, G., Paquin, G., Lopes, J., Varejao, M., & Dussault, C. (2009). Nonmedical Prescription Stimulant Use Among a Sample of College Students: Relationship With Psychological Variables. *Journal of Attention Disorders*, **13**, 284-296.

Weyandt, L. L., Mitzlaff, L., & Thomas, L. (2002). The relationship between intelligence and performance on the Test of Variables of Attention (TOVA). *Journal of Learning Disabilities*, 35, 114-120.

White, H. A., & Shah, P. (2001). Creative style and achievement in adults with attention-deficit/hyperactivity disorder. *Personality and Individual Differences*, 50, 673-677.

Wolf, L. E. (2001). College students with ADHD and other hidden disabilities. Outcomes and interventions. *Annals of the New York Academy of Sciences*, 931, 385-395.

Wolf, L. E., Simkowitz, P., & Carlson, H. (2009). College students with attention-deficit/hyperactivity disorder. *Current Psychiatry reports*, 11, 415-421.

World Health Organization. (1992). *The ICD-10 Classification of Mental and Behavioral Disorders: Clinical descriptions and diagnostic guidelines.* WHO, Geneva.

八木成和・広瀬香織・楠本久美子 (2011). 大学における学生自立支援の方向性－発達障害及びその疑いのある学生への支援との関連から－ 四天王寺大学紀要 51, 411-419.

山形伸二・高橋雄介・繁桝算男・大野裕・木島伸彦 (2005). 成人用エフォートフル・コントロール尺度日本語版の作成とその信頼性・妥当性の検討 パーソナリティ研究, 14, 30-41.

代々木ゼミナール (2008). 大学偏差値ランキング

## 資　料

1．本調査研究に使用した尺度
2．心理教育的介入プログラムに使用した資料

158　資料

1．本調査研究に使用した尺度
1）大学生版ADHD特性（篠田ら，2015）…ADHD特性，大学生活上の困難

Q　次に「学習や生活面でのさまざまな問題」があげられています。これらの問題について，あなたは，現在，どの程度あると感じますか？　あてはまる番号に○をつけて下さい。
（回答肢は，「頻繁にある（4点）」「しばしばある（3点）」「たまにある（2点）」「全くない（1点）」）

1．約束や授業に遅刻する。
2．最初にはじめたことをやり終える前に，違うことをやり始めてしまう。
3．課題や活動に必要なものをなくす。
4．力が出しきれていない，目標に達していないと感じる。
5．しゃべりすぎてしまう。
6．課題または遊びで，注意を持続するのが難しい。
7．順番を待つのが苦手と感じることがある。
8．勉強や仕事などで，細かいところまで注意を払わなかったり不注意なまちがいをする。
9．じっとしていなければならない状況において，落ち着かないと感じる。
10．自分で守ろうと思っている秘密を，ついもらしてしまうことがある。
11．あまりやりたくないことを途中で投げ出すことがある。
12．直接話しかけられた時に，聞いていないようなことがある。
13．質問が終わる前にいきなり答えてしまう。
14．計画はたてるものの最後までやりとげられない。
15．他の人の話や活動などをさえぎったり，邪魔したりする。
16．思ったことを何でも口にしてしまうので，あとで「しまった」と思うことがある。
17．理解できなかったり反抗的になったりしているわけではないのに，指示に従えず，勉強や用事をやり遂げることができない。
18．良い報せを聞くと，集中力を要する課題に注意を向け続けるのはとても苦労する。
19．集中しようと努力しても，簡単に気が散ってしまう。
20．物をどこに置いたか忘れてしまったり，わからなくなったりすることがある。
21．限りなく心配する傾向がある。

22. 課題や活動を順序立てて行うのが難しい。
23. 講義や集会，勉強中など座っていることを要求される場面で，席を離れることがある。
24. クセになっているよくない行動パターンをやめようと努力するが，やめられない。
25. 中断させられたり注意をそらされたりした時，それまで自分がやっていたことに注意を向け直すことが難しい。
26. 何か悲しかったり不安になっている時，課題に集中するのはとても苦労する。
27. 勉強やレポートのような精神的な努力を必要することを避ける。やったとしてもいやいや行う。
28. 面倒な課題は，すぐに取り組まないことがある。
29. 手足をソワソワ動かしたり，席に座ってモジモジしたりすることがある。
30. 締め切りに間に合わせるのが苦手と感じることがある。
31. "じっとしていない"または"エンジンで動かされるように"行動する。
32. 人の話を最後までよく聞かないために，トラブルになることがある。
33. 日常的に習慣となっているような日々の活動を忘れることがある。
34. やる必要のあることを思いついたら，すぐにやらずにはいられない。
35. 勉強や遊びを静かに行うことを苦手と感じることがある。
36. 切迫した気持ちや不安感をもつことがある。
37. 指示や命令を取り違えることがある。

## 2）進路決定状況（篠田ら，2015）

Q 次の各項目の内容は，あなたにどの程度あてはまりますか？ あなたの気持ちに最も近い回答肢の番号に○を付けてください。

＊なお，大学院や専門学校への進学をお考えの方は，大学院や専門学校を修了した後の職業について考えてください。

（回答肢は「あてはまる（5点）」から「あてはまらない（1点）」）

1. 自分の職業計画は，着実に進んでいると思う。
2. 自分の将来の職業については，何を基準にして考えたらよいのかわからない。
3. せっかく大学に入ったのだから，今は職業のことは考えたくない。
4. できることなら職業決定は，先に延ばし続けておきたい。
5. 望む職業につけないのではと不安になる。

6．将来，やってみたい職業がいくつかあり，それらについていろいろ考えている。
7．生活が安定するなら，職業の種類はどのようなものでもよい。
8．自分のやりたい職業は決まっており，今は，それを実現していく段階である。
9．将来の職業のことを考えると憂うつになる。
10．自分の職業については，いろいろ計画をたてるが一貫性がなく，次々に変化していく。
11．職業決定のことを考えると，とても焦りを感じる。
12．できるだけ有名なところに就職したいと思っている。
13．職業を最終的に決定するのはまだ先のことであり，今はいろいろなことを経験してみる時期だと思う。
14．自分を採用してくれるところなら，どのような職業でもよいと思っている。
15．自分なりに考えた結果，最終的にひとつの職業を選んだ。
16．自分にとって職業につくことは，それほど重要なことではない。
17．自分の将来の職業について真剣に考えたことがない。
18．将来の職業については，いくつかの職種に絞られてきたが，最終的に1つに決められない。
19．今の状態では，自分の一生の仕事などみつかりそうもない。
20．将来の職業については，考える意欲が全くわかない。
21．職業のことは，もう少し後で考えるつもりだ。
22．これだと思う職業がみつかるまで，じっくり探していくつもりだ。
23．できることなら誰か他の人に自分の職業を決めてもらいたいと思うことがある。
24．できることなら，職業など持たず，いつまでも好きなことをしていたい。
25．職業は決まっていないが，今の関心を深めていけば職業につながってくると思う。
26．学歴や"コネ"を利用してよい職業につきたい。
27．私は，あらゆるものになれるように気持ちになる時と，何にもなれないのではないかという気持ちになる時がある。
28．若いうちは仕事よりも自分のやりたいことを優先したい。
29．一つの仕事にとどまらずいろいろな経験をしたい。
30．やりたい仕事なら正社員，フリーターにこだわらない。

## 3）EPSI日本語版（中西・佐方，2002）から一部抜粋

Q　次に，いろいろな経験や性質，好みなどについての文章をあげています。

次の各項目の内容は，あなたにどの程度あてはまりますか？　あなたの気持ちに最も近い回答肢の番号に○を付けてください。それぞれの文章があなたにどの程度あてはまるかを考えて，「5．とてもあてはまる」から「1．全くあてはまらない」までの5つのうち，あなたに一番よくあてはまるところの数字を○で囲んでください。あまり考え込まずに最初に思った通りをお答えください。

1．私に，もっと自分をコントロールする力があればよいと思う。
2．私は，何事にも優柔不断である（なかなか決断できない）。
3．私には，みんなが持っている能力が欠けているようである。
4．私は，いっしょうけんめいに仕事や勉強をする。
5．私は，自分が何になりたいのかをはっきりと考えている。
6．良いことは決して長続きしないと，私は思う。
7．私は，決断する力が弱い。
8．私は，誰か他の人がアイデアを出してくれることを当てにしている（期待している）。
9．私は，自分が役に立つ人間であると思う。
10．私は，自分が混乱しているように感じている。
11．私は，世間の人たちを信頼している。
12．私は，自分という存在を恥ずかしく思っている。
13．私は，多くのことをこなせる精力的な人間である。
14．私は，目的を達成しようと頑張っている。
15．私は，自分がどんな人間であるのかをよく知っている。
16．周りの人々は，私のことをよく理解してくれている。
17．私は，自分で選んだり決めたりするのが好きである。
18．たとえ本当のことであっても，私は否定してしまうかもしれない。
19．私は，自分の仕事をうまくこなすことができる。
20．私は，自分の人生をどのように生きたいかを自分で決められない。
21．私には，何事も最悪の事態になるような気がしてくる。
22．私は，自分の判断に自信がない。
23．私は，リーダーというよりも，むしろ後に従っていく方の人間である。
24．私は，物事を完成させるのは苦手である。
25．私は，自分のしていることを本当はわかっていない。
26．世の中は，いつも自分にとって良い方向に向かっている。

27. 私は，この世の中でうまくやっていこうなどとは決して思わない。
28. 私は，いろんなことに対して罪悪感を持っている。
29. "私は，のらりくらりしながら（何もせずにぶらぶらとして）多くの時間を無駄にしている"。
30. 私は，自分が好きだし，自分に誇りをもっている。
31. 周りの人たちは，私を理解していない。
32. 私は，物事をありのままに受け入れることができる。
33. 私は，してはいけないことに対して，自分でコントロールできる。
34. 私は，頭を使ったり，技術のいることはあまり得意ではない。
35. 私には，充実感がない。

## 4）社会人基礎力（経済産業省，2006）より抜粋

Q 次に，物事への取り組み方について，いくつか文章があげてあります。それぞれの文章があなたにどの程度あてはまりますか？「4．非常にあてはまる」から「1．全くあてはまらない」までの4つのうち，あなたに一番よくあてはまるところの数字を○で囲んでください。あまり考え込まずに，最初に思った通りをお答えください。

1. 目標達成に向かって粘り強く取り組み続けている。
2. とにかくやってみようとする果敢さを持って課題に取り組んでいる。
3. 困難な状況から逃げずに目標に向かって取り組み続けている。
4. 目標達成のために現段階での課題を的確に把握している。
5. 現状を正しく認識するための情報収集や分析をしている。
6. 課題を明らかにするために，他者の意見を積極的に求めている。
7. 目標達成までのプロセスを明確化し，実現性の高い計画を立てている。
8. 目標達成までの計画と実際の進み具合の違いに留意している。
9. 計画の進み具合や不測の事態に合わせて，柔軟に計画を修正している。
10. 複数のもの・考え方・技術等を組合せ，新しいものを作り出している。
11. 従来の常識や発想を転換し，新しいものや解決策を作り出している。
12. 目標達成を意識し，新しいものを生み出すためのヒントを探している。
13. 困難のことでも自分の強みを生かして取り組んでいる。
14. 自分の役割や課題に対して自発的・自律的に行動している。
15. 状況に応じて効果的な協力を得るために，様々な手段を活用している。

5）ワークショップ終了時のアンケート
　　"うっかりミスが気になる人のためのプランニングスキルアップワークショップ"に参加して感じたことをお聞かせください。

① あなたのプランニング力をスキルアップするために役に立ちましたか？
（回答肢は「役に立った」「まあ役に立った」「どちらともいえない」「あまり役に立たなかった」「役に立たなかった」の5段階）
そのようにお考えになる理由をお聞かせください

② ワークショップの内容や説明の仕方はわかりやすかったですか？
（回答肢は「非常にわかりやすかった」「わかりやすかった」「どちらともいえない」「わかりにくかった」「非常にわかりにくかった」の5段階）
そのようにお考えになる理由をお聞かせください

③ グループで具体的な問題について話し合うという方法は，あなたにとっていかがでしたか？　どのようなことでも結構ですので，ご意見をお聞かせください。

④ ワークショップの回数や1回の時間について，どのようなことでも結構ですので，ご意見をお聞かせください。

⑤ その他，どのようなことでも結構ですので，感じられたことをご自由にお書きください。

## 2．心理教育的介入プログラムに使用した資料

フィードバックシート1　　　　　　　　　　　　　　2012年　月　日

### 〈計画力や注意力に関して感じていること〉

【注意力の問題で困っていること】

| | |
|---|---|
| 勉強や仕事などで，細かいところまで注意を払わなかったり不注意なまちがいをする。 | |
| 課題または遊びで，注意を持続するのが難しい。 | |
| 直接話しかけられた時に，聞いていないようなことがある。 | |
| 理解できなかったり反抗的になったりしているわけではないのに，指示に従えず，勉強や用事をやり遂げることができない。 | |
| 課題や活動を順序立てて行うのが難しい。 | |
| 勉強やレポートのような精神的な努力を必要することを避ける。やったとしてもいやいや行う。 | |
| 課題や活動に必要なものをなくす。 | |
| 集中しようと努力しても，簡単に気が散ってしまう。 | |
| 日常的に習慣となっているような日々の活動を忘れることがある。 | |
| 何か悲しかったり不安になっているとき，課題に集中するのはとても苦労する | |

【計画がうまく進まない】

| | |
|---|---|
| 計画は立てるものの最後までやり遂げられない | |
| 面倒な課題は，すぐに取り組まないことがある | |
| 締め切りに間に合わせるのが苦手と感じることがある | |
| やりたくないことを途中で投げ出すことがある | |
| 最初に始めたことをやり終える前に，違うことをやり始めてしまう | |
| クセになっているよくない行動パターンをやめようと努力するがやめられない | |

【ストップがかからないことで困っていること】

| | |
|---|---|
| 思ったことを何でも口にしてしまうので，あとで「しまった」と思うことがある | |
| 人の話を最後まで聞かないために，トラブルになることがある | |
| 自分で守ろうと思っている秘密を，ついもらしてしまうことがある | |
| 中断させられたり注意をそらさせたりした時，それまで自分がやっていたことに注意を向け直すのが難しい | |

○○さんの注意力・計画力のクセ

資料　165

フィードバックシート2　　　　　　　　2012年　　月　　日

〈あなたの注意のクセは？〉

注意機能検査の結果

- 注意集中（Vigilance, Prudence）
- 持続的注意（Stamina, Consistency, Focus）
- 選択的注意（Prudence, Vigilance, Comprehension）
- 注意の切り替え
- 注意の分割（Prudence, Speed）

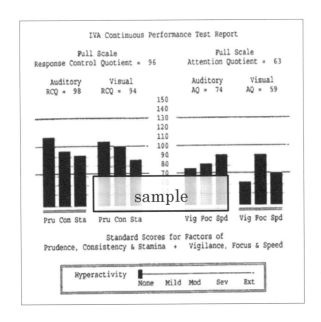

〈ワークシート〉

うっかりミスが気になる人のための
プランニングワークショップ
**ワークシート①〈目標をたてよう〉**
2012年　　月　　日

- 最終目標
- 夏休みまでの目標
- 来週までにやること

うっかりミスが気になる人のための
プランニングワークショップ
**ワークシート②**
**〈優先順位を決めるための分類シート〉**
2012年　　月　　日

|  | 緊急度 | | |
|---|---|---|---|
|  | ◎ | ○ | △ |
| 重要度 ◎ |  |  |  |
| 重要度 ○ |  |  |  |
| 重要度 △ |  |  |  |

**ワークシート③　1週間の振り返り**

| | 日( ) | 日( ) | 日( ) | 日( ) | 日( ) | 日( ) | 日( ) |
|---|---|---|---|---|---|---|---|
| やったこと | | | | | | | |
| 感想 | | | | | | | |

**自己評価**

5　非常にうまくいった
4　まあうまくいった
3　どちらともいえない
2　あまりうまくいかなかった
1　全くうまくいかなかった

資料　167

## ワークシート④-1　月間予定表（6月）

| 月 | 火 | 水 | 木 | 金 | 土 | 日 |
|---|---|---|---|---|---|---|
|  |  |  |  | 6/1 | 2 | 3 |
| 3 | 4 | 5 | 6 | 7 | 8 | 9 |
| 9 | 10 | 11 | 12 | 13 | 14 | 15 |
| 19 | 20 | 21 | 22 | 23 | 24 | 25 |
| 25 | 26 | 27 | 28 | 29 | 30 |  |

## ワークシート⑤　週間予定表

| | 日（　） | 日（　） | 日（　） | 日（　） | 日（　） | 日（　） | 日（　） | |
|---|---|---|---|---|---|---|---|---|
| 6:00 | | | | | | | | 6:00 |
| 7:00 | | | | | | | | 7:00 |
| 8:00 | | | | | | | | 8:00 |
| 9:00 | | | | | | | | 9:00 |
| 10:00 | | | | | | | | 10:00 |
| 11:00 | | | | | | | | 11:00 |
| 12:00 | | | | | | | | 12:00 |
| 13:00 | | | | | | | | 13:00 |
| 14:00 | | | | | | | | 14:00 |
| 15:00 | | | | | | | | 15:00 |
| 16:00 | | | | | | | | 16:00 |
| 17:00 | | | | | | | | 17:00 |
| 18:00 | | | | | | | | 18:00 |
| 19:00 | | | | | | | | 19:00 |
| 20:00 | | | | | | | | 20:00 |
| 21:00 | | | | | | | | 21:00 |
| 22:00 | | | | | | | | 22:00 |
| 23:00 | | | | | | | | 23:00 |
| 0:00 | | | | | | | | 0:00 |
| 1:00 | | | | | | | | 1:00 |
| 2:00 | | | | | | | | 2:00 |
| 3:00 | | | | | | | | 3:00 |
| 4:00 | | | | | | | | 4:00 |
| 5:00 | | | | | | | | 5:00 |
| 6:00 | | | | | | | | 6:00 |
| | 反省： | 反省： | 反省： | 反省： | 反省： | 反省： | 反省： | |

168　資　料

## ワークシート⑥　目標の達成度を評価しよう

1週間の自己評価をする。「たてた目標を完全に達成できた＝100点」、「たてた目標を全然達成できなかった＝0点」として、A～Eで判定する。
また、「うまくいったこと」と「うまくいかなかったこと」をあげ、なぜそうなってしまったを考える。

| 目標： | |
|---|---|
| うまくいったこと | うまくいかなかったこと |
| 内容： | 内容： |
| 理由： | 理由： |

判定：

A：～100点
B：～ 79点
C：～ 59点
D：～ 39点
E：～ 19点

## ワークシート⑧　問題解決の方法を考えよう

次からの1週間は「うまくいかなかったこと」が少しはうまくいくように、問題解決法についてディスカッションする。

| 〈自分で考える〉 | | |
|---|---|---|
| 先週の1週間より判定がプラス1よくなったときの状態とは、どんな状態でしょう。 | プラス1の判定： | 状態： |

| 〈ディスカッションで出たアイディア〉 | | |
|---|---|---|
| アイディア | 効き目・実行可能性 | 次週に使用するか |
| | | |
| | | |
| | | |
| | | |

うっかりミスが気になる人のためのプランニングワークショップ

# ワークシート⑦
## 〈時間の使い方チェックシート〉

2012年　　　月　　　日

Q1　時間の使い方を意識していますか？
　　　1　意識していない
　　　2　ときどき意識している
　　　3　常に意識している

Q2　午前・午後・夕方など時間帯によって，やることを変えていますか？
　　　1　変えていない
　　　2　なんとなく変えている
　　　3　効率があがるように，変えている

Q3　すき間時間（移動時間や偶然あいた時間など）にやることを決めていますか？
　　　1　決めていない
　　　2　ときどき決めている
　　　3　毎日決めている

Q4　メールのチェックルールを決めていますか？
　　（チェックの回数／チェックする時間など）
　　　1　決めていない
　　　2　決めているが，必ずしも実行していない
　　　3　決めており，実行している

Q5　翌日の予定をリストアップし，やる順番を決めていますか？
　　　1　決めていない
　　　2　ときどき決めている
　　　3　毎日決めている

## あ と が き

　大学生の ADHD 特性に関する実証的研究を始めて20年近くなる。ミレニアムの頃，現在の特別支援教育総合研究所の主任研究官であった篠田晴男先生（現立正大学教授）から，一見しただけではわからない ADHD という発達障害があり，児童期だけではなく大人になっても発達特性から社会適応を困難にしているらしいという話を伺ったのが ADHD という言葉にふれた最初だったと記憶している。ふと頭に浮かんだのが小学校時代の同級生。彼は，教室にはおさまりきれず，いつも教室を飛び出しては，先生に2階の窓から名前を呼ばれていた。とても発想がユニークでアイデアマンだったが，みんなで協力して取り組む課題では，言いっぱなしでいなくなってしまう，ちょっと迷惑な存在だった。彼は，その後どんな人生を送っているのだろう，そんな思いが頭をよぎった。

　当時，セルフレポートによる意思決定について数量的な研究をしていた私は，縁あって大学生のセルフレポートによる ADHD 傾向の特徴分析に携わったのが研究の始まりだった。その時は純粋に，大学生の中にも生きづらさとなる特徴を持って苦労しながら大学生活を送っている学生がいるなら，彼らが少しでも楽になるような支援はないものかと思案したことを覚えている。その後，障害者の人権法を背景に障害学生支援が本格化していた米国で，複数の第一線の大学における障害学生支援機関を視察する機会があり，先進的な支援に感心すると同時に，日本の大学でも他人ごとではないという思いにかられた。日本の大学は全入時代を迎えつつあった時期であり，さまざまな個性を持った学生が大学に在籍するようになっていた。そして，帰国後，本格的に大学生の ADHD 傾向に関する研究を開始した。

　いまでは，発達障害や ADHD に関する研究や著書が書店の一角を占める

ようになっているが，当時，心理学諸学会では大学生のADHDに関する発表はごくわずかだった。ポスター発表の場では，「ADHDは子供の障害でしょ」，「ADHDは犯罪を起こすような重い障害じゃないの」等指摘されたり，「グレイゾーンを研究してもなかなか成果は出ないよ」という助言を受けたこともあった。

　しかし私は，グレイゾーンも含めた支援こそが真にADHD学生の支援であると考えていた。診断のある者だけが苦労しているわけではない。ADHDは誰もが持ちうる特性であり，自閉症にスペクトラムがあるならADHDにあってもおかしくないという考えが頭から離れなかった。とはいえ，反論できるエビデンスがない，ならばそこを追いかけてみようというのが本研究の原点である。診断の有無ではなく特性の強さと大学適応との関係を明らかにすれば，なんらかの支援の手立てがみつかるのではないか，暗中模索で始めた研究でもあった。ところが，現実は甘くなく，ADHD傾向やADHD特性という言葉を出しただけで否定される時期が続き，修士論文をまとめた段階で研究を終えようかとも思った。その矢先，最後のチャレンジにとエントリーした2nd World Congress on ADHDで思いがけなくBest 6 Poster Awardに選出されたのは，大きな転機となった。日本国内では否定され続けたこの研究を認めてくれる人が世界にはいる，自分がやってきたことは間違いではなかったという思いから，くすぶっていた研究魂にもう一度火が付いた。エビデンスに基づき理解することを提起し，そのエビデンスをもとに具体的な支援と結び付ける試みを行ったのが，本書のベースとなる博士論文である。ADHDへの支援は医療だけでは不十分であり，心理教育や心理社会的支援が必須であることが，少しずつ浸透し始めていた。

　モデルが実証できたとしても絵に描いた餅では役にたたない。実証されたモデルに基づいた支援でなんらかの方向性がみえてこそ，意義があるといえる。本研究でエビデンスに基づいた実践研究において一定程度の効果と支援の方向性が提案できたことで，ひとつの一区切りを実感することができた。

## あとがき

　しかし，発達障害者への大学における支援はまだまだ始まったばかりであり，障害の概念自体も流動性をはらんでいる。そこには，常に苦労しながら学んでいる学生がいることも明らかになってきている。これらの学生が他の学生同様に修学を享受できるために，より一層の研究の進展も必要である。今，多くの研究者や臨床家が様々な方向から発達障害学生の理解と支援に取り組み始めている。障害学生自身も様々な声をあげることができるようになった。とても良い時代だ。20年後の日本では，障害のある学生もない学生も，また，グレーゾーンとされる学生も障害特性の強さに関係なく大学生活を送れていることを祈る。

　本研究の実施にあたり，さまざまな大学の大学生の方々に調査やワークショップの対象者として，また，対象者を集めるにあたっては，多くの大学関係の先生方の協力をいただいた。本研究はこのような協力者に支えられて形にできたといえる。

　博士論文をまとめるにあたってお世話になった多くの先生方，特に，目白大学の沢崎達夫先生には，社会人大学院生としての修士・博士課程，そして現在に至るまで，長きにわたって多くのご指導を賜った。目白大学の渡邉勉，小池 眞規子両先生をはじめとした目白大学の先生方には博士論文をまとめるにあたり多くのご教示をいただいた。また，立正大学の篠田晴男先生には研究当初より，研究機会の提供や研究の問題点，今後の課題について貴重なご教示を，筑波大学の藤生英行先生，吉田富二雄先生（現 東京成徳大学）には，研究に行き詰ったときに暖かいご助言を，信州大学の高橋知音先生，高橋ユウエン先生には実践の場を提供いただき心から御礼申し上げる。また，医療における発達障害への取り組みに触れる機会をいただいたまめの木クリニックの上林靖子先生とスタッフの皆さん，特別支援教育の深い実践に触れる機会をいただいた寺山千代子先生（現 星槎大学），さらに，先駆者としての豊富な知見をいただいた海外の専門家の先生方にも，深く感謝する。

　本書は，2015年度に目白大学大学院後期博士課程心理学研究科に提出した

学位論文を修正加筆したものである。本書の刊行に際しては，独立行政法人日本学術振興会2017年度科学研究費助成事業（科学研究費補助金）（研究成果公開促進費）（学術図書 JP17HP5201）の助成を受け出版にいたった。本書を出版するにあたってお世話になった筑波大学の沢宮容子先生，また締め切りぎりぎりの私の返答を辛抱強く待ってくださった風間書房社長の風間敬子氏，ならびにスタッフのみなさまに，深く感謝しお礼申し上げる。

2018年2月

篠　田　直　子

**著者略歴**

篠田直子（しのだ　なおこ）

博士（心理学），臨床心理士・学校心理士，兵庫県出身
1983年　筑波大学第二学群人間学類（心理学主専攻）卒業
1993年　筑波大学大学院修士課程経営・政策科学研究科修了
スクールカウンセラー，児童養護施設・児童家庭支援センター心理職などに携わる。
2009年　目白大学大学院修士課程心理学研究科（臨床心理学専攻）修了
2016年　目白大学大学院後期博士課程心理学研究科修了
現在：信州大学学生相談センター障害学生支援室長

---

## 大学生のADHD特性と進路決定に関する実証的研究

2018年2月20日　初版第1刷発行

著　者　　篠　田　直　子
発行者　　風　間　敬　子

発行所　　株式会社　風　間　書　房
〒101-0051　東京都千代田区神田神保町 1-34
電話 03(3291)5729　FAX 03(3291)5757
振替 00110-5-1853

印刷　太平印刷社　　製本　高地製本所

©2018　Naoko Shinoda　　　　　　NDC 分類：140
ISBN978-4-7599-2194-6　　Printed in Japan
JCOPY〈(社)出版者著作権管理機構　委託出版物〉

本書の無断複製は，著作権法上での例外を除き禁じられています。複製される場合はそのつど事前に(社)出版者著作権管理機構（電話 03-3513-6969, FAX 03-3513-6979, e-mail: info@jcopy.or.jp）の許諾を得てください。